高等职业教育创新型系列教材

移动商务网页设计与制作
（第2版）

主　编　魏利华
主　审　傅志辉

北京理工大学出版社
BEIJING INSTITUTE OF TECHNOLOGY PRESS

版权专有 侵权必究

图书在版编目（CIP）数据

移动商务网页设计与制作/魏利华主编．—2 版．—北京：北京理工大学出版社，2020.4（2020.6 重印）

ISBN 978-7-5682-7927-7

Ⅰ.①移… Ⅱ.①魏… Ⅲ.①电子商务-网页制作工具-高等职业教育-教材 Ⅳ.①F713.36 ②TP393.092.2

中国版本图书馆 CIP 数据核字（2019）第 253300 号

出版发行 / 北京理工大学出版社有限责任公司
社　　址 / 北京市海淀区中关村南大街 5 号
邮　　编 / 100081
电　　话 / （010）68914775（总编室）
　　　　　（010）82562903（教材售后服务热线）
　　　　　（010）68948351（其他图书服务热线）
网　　址 / http：//www.bitpress.com.cn
经　　销 / 全国各地新华书店
印　　刷 / 涿州市新华印刷有限公司
开　　本 / 710 毫米 × 1000 毫米　1/16
印　　张 / 15.5　　　　　　　　　　　　　　责任编辑 / 李　薇
字　　数 / 295 千字　　　　　　　　　　　　文案编辑 / 李　薇
版　　次 / 2020 年 4 月第 2 版　2020 年 6 月第 2 次印刷　　责任校对 / 周瑞红
定　　价 / 45.00 元　　　　　　　　　　　　责任印制 / 李志强

图书出现印装质量问题，请拨打售后服务热线，本社负责调换

前　　言

　　网络应用处在不断变革中，随着移动互联网技术的成熟和智能手机的普及，利用手机上网和浏览网页的应用越来越多。传统网页主要是针对桌面显示器设计的，而手机屏幕的像素和分辨率与桌面显示器的像素和分辨率相差甚远，适合桌面显示器的网页不适合在手机浏览器中显示。因此适合手机屏幕显示并兼容桌面机屏幕的网页成为用户的期盼，以 HTML5 为核心的移动 Web 技术将大有用武之地，这也是编写本书的初衷。

　　现今，HTML5 已经成为互联网的热门话题之一，移动互联网网站作为与移动应用密切相关的前端技术更是备受瞩目，其中，以 HTML5 为代表的新一代技术尤为受到多方的关注。HTML5 不仅是一次简单的技术升级，更代表了未来 Web 开发的方向，被人们寄予了太多的期望与依托。曾有人预言，在不久的将来，不仅仅是 Web 服务端，就连客户端的开发也将是 HTML5 的天下。

　　2004 年，HTML5 的草案被提起，但直到 2007 年才被 W3C 所接纳，最终于 2008 年首份草案被公布，HTML5 的框架在原版本的基础上，废除了许多 HTML4 中不合理的效果标记，创造性地增加了很多用于富媒体、富图形的新标记，最大限度地减少了对外部插件的依赖；同时，通过对本地离线存储方式的优化，使 HTML5 更加有利于移动客户端的开发。

　　HTML5 所涉及的新特征与新功能十分广泛，远不能通过简短的几句话进行概括，许多新增加的 API 或元素属性需要借助相关的书籍来引导开发者进行学习，使其快速掌握 HTML5。但纵观市场中已出版的书籍，绝大多数是简单的定义解析与理论灌输，没有对应的实例操作，缺乏真正的实践指导。为了使广大的 Web 开发者真正了解与全面掌握 HTML5，笔者撰写了本书。衷心希望读者能通过本书的学习与实践演练，开发出更加前沿与时尚的 Web 应用。

　　本书特点是"学以致用"，全书始终体现一个"用"字，无论是理论知识的介绍，还是实例的开发，无一例外都是从实用的角度出发，每一个实例都是精心选择的，介绍详细。为了使读者能够通过实例程序执行后的页面效果加深对应用的理解，每一个知识点和使用案例都精心编排，简明易懂；全书由浅入深，逐步推进，以实例为主线，激发读者的阅读兴趣；全面、详细、完整地介绍 HTML5 的新功能与新特征。

编　者

目　录

第1章　网页设计语言——HTML ... 001
1.1　HTML 的第一个实例 ... 001
1.2　HTML 语言基础 ... 002
1.2.1　HTML 网页文档的结构 ... 002
1.2.2　HTML 网页文档的编写工具 ... 004
1.3　HTML 基本标签元素 ... 004
1.3.1　HTML 网页头部标签元素 ... 004
1.3.2　HTML 网页正文部分的标签元素 ... 009
1.4　小结 ... 019
习题 ... 019

第2章　CSS ... 023
2.1　CSS 的基本概念 ... 023
2.1.1　CSS 简介 ... 023
2.1.2　CSS 的发展历史 ... 024
2.2　样式表的分类 ... 025
2.2.1　外部样式表 ... 025
2.2.2　页内样式表 ... 026
2.2.3　行内样式表 ... 026
2.3　样式表的基本知识 ... 027
2.3.1　CSS 的单位 ... 027
2.3.2　CSS 颜色定义 ... 028
2.3.3　CSS 属性 ... 028
2.4　CSS 选择器 ... 033
2.4.1　通配符选择器（*） ... 035
2.4.2　元素选择器（E） ... 036
2.4.3　类选择器（.className） ... 036

2.4.4　id 选择器（#ID） ·· 037
　　2.4.5　后代选择器（E F） ·· 038
　　2.4.6　子元素选择器（E > F） ·· 039
　　2.4.7　相邻兄弟元素选择器（E + F） ······································ 039
　　2.4.8　通用兄弟选择器（E ~ F） ·· 040
　　2.4.9　群组选择器（selector1，selector2，…，selectorN） ················· 040
2.5　小结 ·· 041
习题 ·· 041

第 3 章　HTML5 基础 ·· 043

3.1　HTML5 语法的变化 ·· 043
　　3.1.1　HTML5 语法标记 ··· 044
　　3.1.2　HTML5 语法中的 3 个要点 ·· 045
　　3.1.3　HTML5 标签实例 ··· 046
3.2　新增的元素和废除的元素 ·· 047
　　3.2.1　HTML5 新增的结构元素 ··· 047
　　3.2.2　新增的块级语义元素 ·· 048
　　3.2.3　新增的行内语义元素 ·· 050
　　3.2.4　新增的多媒体元素和交互性元素 ··································· 051
　　3.2.5　HTML5 废除的元素 ·· 054
3.3　新增的属性和废除的属性 ·· 055
　　3.3.1　新增的属性 ··· 055
　　3.3.2　废除的属性 ··· 057
3.4　全局属性 ·· 059
　　3.4.1　contentEditable 属性 ·· 059
　　3.4.2　hidden 属性 ··· 060
　　3.4.3　spellcheck 属性 ··· 060
　　3.4.4　tabIndex 属性 ··· 061
　　3.4.5　designMode 属性 ··· 062
3.5　小结 ·· 063
习题 ·· 063

第 4 章　HTML5 的结构 ·· 064

4.1　主体结构元素 ·· 064
　　4.1.1　article 元素 ·· 064

- 4.1.2 section 元素 ………………………………………………… 065
- 4.1.3 nav 元素 …………………………………………………… 066
- 4.1.4 aside 元素 ………………………………………………… 067
- 4.1.5 time 元素 ………………………………………………… 068
- 4.1.6 pubdate 属性 ……………………………………………… 069
- 4.2 非主体结构元素 …………………………………………………… 070
  - 4.2.1 header 元素 ……………………………………………… 070
  - 4.2.2 hgroup 元素 ……………………………………………… 071
  - 4.2.3 footer 元素 ……………………………………………… 073
  - 4.2.4 address 元素 ……………………………………………… 074
- 4.3 小结 …………………………………………………………… 075
- 习题 ……………………………………………………………… 075

第 5 章 HTML5 中的表单 …………………………………………… 076

- 5.1 新增的表单元素与属性 …………………………………………… 076
  - 5.1.1 新增的属性 ………………………………………………… 076
  - 5.1.2 新增与改良的 input 元素 …………………………………… 083
  - 5.1.3 output 元素 ……………………………………………… 088
  - 5.1.4 利用新增元素制作注册表单 ………………………………… 089
- 5.2 表单验证 ………………………………………………………… 093
  - 5.2.1 自动验证 …………………………………………………… 093
  - 5.2.2 显式验证 …………………………………………………… 095
  - 5.2.3 取消验证 …………………………………………………… 096
  - 5.2.4 自定义错误信息 …………………………………………… 097
- 5.3 新增的页面元素 …………………………………………………… 098
  - 5.3.1 新增的 figure 元素 ………………………………………… 098
  - 5.3.2 data-list …………………………………………………… 099
  - 5.3.3 mark 元素 ………………………………………………… 100
  - 5.3.4 progress 元素 ……………………………………………… 100
  - 5.3.5 details 元素 ……………………………………………… 100
  - 5.3.6 改良的 ol、dl 元素 ………………………………………… 102
  - 5.3.7 加以严格限制的 cite 元素 ………………………………… 103
  - 5.3.8 重新定义的 small 元素 …………………………………… 104
  - 5.3.9 menu 元素 ………………………………………………… 105
- 5.4 小结 …………………………………………………………… 105
- 习题 ……………………………………………………………… 105

第 6 章 HTML5 的文件与拖放 …… 107

6.1 选择文件 …… 107
6.1.1 通过文件对象选择文件 …… 107
6.1.2 使用 blob 接口获取文件的类型和大小 …… 109
6.1.3 通过类型过滤选择文件 …… 110

6.2 FileReader 接口读取文件 …… 112
6.2.1 通过类型过滤选择文件 …… 112
6.2.2 FileReader 接口的方法 …… 112
6.2.3 readAsDataURL 方法 …… 113
6.2.4 readAsText 方法 …… 115
6.2.5 FileReader 接口中的事件 …… 116

6.3 拖放 API …… 119
6.3.1 实现拖放的步骤 …… 119
6.3.2 通过拖放显示欢迎信息 …… 120

6.4 dataTransfer 对象 …… 122
6.4.1 dropEffect 属性 …… 123
6.4.2 effectAllowed 属性 …… 123
6.4.3 dataTransfer 的其他成员 …… 126

6.5 小结 …… 127
习题 …… 127

第 7 章 多媒体播放 …… 128

7.1 HTML5 多媒体概述 …… 128
7.1.1 HTML4 中的多媒体 …… 128
7.1.2 HTML5 中的多媒体 …… 129

7.2 多媒体元素的基本属性 …… 131

7.3 多媒体元素的常用方法 …… 134
7.3.1 媒体播放时的方法 …… 134
7.3.2 canPlayType（type）方法 …… 136

7.4 多媒体元素的重要事件 …… 137
7.4.1 事件处理方式 …… 137
7.4.2 事件介绍 …… 137
7.4.3 事件实例 …… 138

7.5 小结 …… 142

习题 …………………………………………………………………… 142

第 8 章 用 HTML5 绘制图形 …………………………………… 143

8.1 canvas 基础知识 ………………………………………………… 143
- 8.1.1 canvas 是什么 ……………………………………………… 143
- 8.1.2 在页面中放置 canvas 元素 ………………………………… 143
- 8.1.3 绘制带边框的矩形 ………………………………………… 145

8.2 画布中的路径设置 ……………………………………………… 147
- 8.2.1 使用 arc 方法绘制圆形 …………………………………… 147
- 8.2.2 使用 moveTo 和 lineTo 路径绘制火柴人 ………………… 149
- 8.2.3 贝塞尔和二次方曲线 ……………………………………… 151

8.3 运用样式与颜色 ………………………………………………… 155
- 8.3.1 fillStyle 和 strokeStyle …………………………………… 155
- 8.3.2 透明度 globalAlpha ……………………………………… 156
- 8.3.3 线型 linestyles …………………………………………… 157

8.4 绘制渐变图形 …………………………………………………… 158
- 8.4.1 线性渐变 …………………………………………………… 158
- 8.4.2 径向渐变 …………………………………………………… 160

8.5 绘制变形图形 …………………………………………………… 162
- 8.5.1 坐标变换 …………………………………………………… 162
- 8.5.2 矩阵变换 …………………………………………………… 164

8.6 给图形绘制阴影 ………………………………………………… 167
8.7 组合多个图形 …………………………………………………… 169
8.8 小结 ……………………………………………………………… 172
习题 …………………………………………………………………… 172

第 9 章 数据存储 …………………………………………………… 173

9.1 Web Storage …………………………………………………… 173
- 9.1.1 什么是 Web Storage ……………………………………… 173
- 9.1.2 使用 Web Storage 中的 API ……………………………… 174
- 9.1.3 sessionStorage 和 localStorage 的实例 ………………… 175
- 9.1.4 Web Storage 综合例子——留言本 ……………………… 178
- 9.1.5 JSON 对象的存数实例——用户信息卡 ………………… 180

9.2 本地数据库 ……………………………………………………… 183
- 9.2.1 Web SQL 数据库简介 ……………………………………… 183

9.2.2 使用 Web SQL Database API ……………………………… 184
9.2.3 本地数据库应用实例——用户登录 …………………… 186
9.3 小结 ……………………………………………………………… 190
习题 …………………………………………………………………… 191

第 10 章 离线 Web 应用 ……………………………………………… 192

10.1 离线 Web 应用概述 …………………………………………… 192
  10.1.1 离线 Web 应用的基本知识 …………………………… 192
  10.1.2 本地缓存和浏览器网页缓存的区别 …………………… 193
10.2 创建 HTML5 离线应用 ………………………………………… 193
  10.2.1 缓存清单（manifest） ………………………………… 193
  10.2.2 配置 IIS 服务器 ……………………………………… 195
  10.2.3 浏览器缓存清单 ……………………………………… 196
10.3 浏览器与服务器的交互过程 …………………………………… 196
10.4 applicationCache 对象 ………………………………………… 198
  10.4.1 swapCache 方法 ……………………………………… 198
  10.4.2 applicationCache 对象的事件 ………………………… 200
10.5 小结 ……………………………………………………………… 203
习题 …………………………………………………………………… 203

第 11 章 Web Worker 处理线程 …………………………………… 205

11.1 Web Worker 概述 ……………………………………………… 205
  11.1.1 创建和使用 Web Worker ……………………………… 205
  11.1.2 Web Worker 应用实例——求和运算 ………………… 206
11.2 线程嵌套 ………………………………………………………… 208
  11.2.1 单层嵌套 ……………………………………………… 208
  11.2.2 在多个子线程中进行数据交互 ………………………… 211
11.3 跨文档消息通信 ………………………………………………… 215
  11.3.1 使用 postMessageAPI ………………………………… 215
  11.3.2 跨文档消息传输 ……………………………………… 216
11.4 小结 ……………………………………………………………… 219
习题 …………………………………………………………………… 219

第 12 章 获取地理位置信息 ………………………………………… 221

12.1 Geolocation API 概述 …………………………………………… 221

12.1.1 getCurrentPosition ……………………………………………… 221
  12.1.2 持续监视当前地理位置信息 ……………………………………… 223
  12.1.3 停止获取当前用户的地理位置信息 ……………………………… 224
 12.2 position 对象 ……………………………………………………… 224
 12.3 在 Google 地图上显示"我在这里" ……………………………… 226
 12.4 小结 …………………………………………………………………… 230
 习题 ………………………………………………………………………… 230

参考文献 …………………………………………………………………… 232

第1章
网页设计语言——HTML

网站的前端开发主要是网页开发，HTML 是网页标记语言，也称为超文本标记语言（Hyper Text Markup Language，简称 HTML），是用于描述网页文档的一种标记语言。因而，超级文本标记语言是万维网（WWW）编程的基础，网站的前端开发就是建立在超文本基础之上的。

本章从一个 HTML 网页实例出发，详细讲述 HTML 语言的语法、网页的结构等知识，最后较为全面地介绍 HTML 的常用标签，为传统 Web 网页设计以及移动 Web 网页设计打下基础。

本章主要内容

- HTML 的第一个实例
- HTML 语言基础
- HTML 基本标签元素

1.1 HTML 的第一个实例

HTML（Hyper Text Markup Language，超文本标记语言）是一种用来制作超文本文档的简单标记语言。HTML 网页就是用这种标记语言来书写的。用 HTML 标记语言写的网页文本，只有通过 Web 浏览器进行编译和解释才能正确显示。下面是一个 HTML 文档的实例及它在 IE 浏览器中的显示结果。

例1 一个简单的网页（文件名是"chap01-1-1.html"），代码如下：

```
<! DOCTYPE html PUBLIC " -//W3C//DTD XHTML 1.0 Transitional//EN"
" http://www.w3.org/TR/xhtml1/DTD/xhtml1-transitional.dtd" >
<html xmlns =" http://www.w3.org/1999/xhtml" >
<head>
<meta http-equiv =" Content-Type" content =" text/html;
charset = utf-8" />
<title>无标题文档</title>
</head>
```

```
<body bgcolor="transparent">
<img src="1_1.png" />
<div align="center">
<h1>欢迎来到浙江商业职业技术学院</h1>
<a href="ydsw.html"><b>移动商务专业</b> 点击进入</a><br />
<a href="dzsw.html"><b>电子商务专业</b> 点击进入</a><br />
<a href="szmt.html"><b>数字媒体专业</b> 点击进入</a><br />
<a href="jsjyy.html"><b>计算机应用专业</b> 点击进入</a><br />
<a href="aaa.html"><b>...</b> 点击进入</a>
</div>
</body>
</html>
```

例1在IE浏览器中的显示效果如图1.1所示。

图1.1 一个简单的网页

1.2　HTML 语言基础

1.2.1　HTML 网页文档的结构

HTML 网页文档是一个有结构的文档,其基本结构包括:最外层的标签是 html 标签对，在 html 标签对中内嵌 head 标签对和 body 标签对。head 标签对中可包括一些头元素，如 title 元素，body 标签对中可以包含各种网页元素。图 1.2 标注了 HTML 网页文档的基本结构。

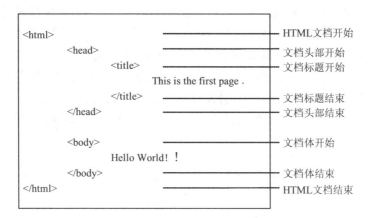

图 1.2　HTML 网页文档的基本结构

该网页文档的代码如图 1.3 所示。

图 1.3　图 1.2 中的网页文档的代码

该网页文档在浏览器中的显示效果如图 1.4 所示。

图 1.4　图 1.3 中网页代码的显示效果

1.2.2 HTML 网页文档的编写工具

编写 HTML 网页文档的工具有很多,比如记事本就可以完全满足网页代码的编写要求,当然借助 FrontPage、UltraEdit 和 Dreamweaver 等网页编辑工具更好,因为它们能提供代码自动提示和关键字高亮显示等辅助功能,能帮助开发者快速布局网页元素、自动生成网页代码,它们还有进行实时预览网页效果等功能。

本书后面的 HTML5 网页设计开发必须用到最新版的网页开发工具 Dreamweaver CS6,本教程中的所有实例都是通过 Dreamweaver CS6 进行编辑和开发的。

1.3 HTML 基本标签元素

1.3.1 HTML 网页头部标签元素

HTML 文档的 <head>(标签)元素是所有头部元素的容器。<head> 标签内的元素可以是脚本标签,可以是样式标签(样式表还包含位置信息,其指示浏览器在何处可以找到样式表),可以是元信息标签,还可以是网页标题标签等。如以下标签都可以被添加到 head 部分:<title>、<base>、<link>、<meta>、<script> 以及 <style>。下面对这些标签进行简要介绍。

1. <title> 元素

<title> 元素用来定义 HTML 文档的标签标题。浏览器以特殊的方式来使用标题,通常把它放置在浏览器窗口的标题栏或状态栏上。当把文档加入用户的链接列表、收藏夹或书签列表时,标题将成为该文档链接的默认名称。

例2 "chap1.3.1.1.html" 是一个 <title> 元素使用实例。其内容为一个简单的 HTML 文档,带有尽可能少的必需的标签。

```
<html>
  <head>
    <title>This is the first page</title>
  </head>
  <body align="center">
      <font face="Verdana,Geneva,sans-serif" color="#000000" size="20">
        Hello world!
      </font>
```

```
</body>
</html>
```

例2的显示效果如图1.5所示。

图1.5　title标签实例

2. <base>标签

<base>标签为页面上的所有链接规定默认地址或默认目标。通常情况下，浏览器会从当前文档的 URL 中提取相应的元素来填写相对 URL 中的空白。使用<base>标签可以改变这一点。使用<base>标签后浏览器将不再使用当前文档的 URL，而使用指定的基本 URL 来解析所有的相对 URL。这其中包括<a>、<img>、<link>以及<form>标签中的 URL。

例3　"chap1.3.1.2.html"是<base>标签使用实例。

```
<head>
<base href = " http://www.w3school.com.cn/i/" />
<base target = " _blank" />
</head>

<body>
<img src = " eg_smile.gif" /><br />
<p>请注意，已经为图像规定了一个相对地址。由于已经在 head 部分规定了一个基准 URL，浏览器将在如下地址寻找图片：</p>
<p>" http://www.w3school.com.cn/i/eg_smile.gif" </p>

<br /><br />
<p><a href = " http://www.w3school.com.cn" >W3School</a></p>
<p>请注意，链接会在新窗口中打开，即使链接中没有 target = " _blank"属性。这是因为 base 元素的 target 属性已经被设置为 " _blank" 了。</p>
</body>
</html>
```

例3的显示效果如图1.6所示。

图 1.6 ＜base＞标签实例

3. ＜link＞标签

HTML＜link＞标签定义文档与外部资源的关系。＜link＞标签最常见的用途是链接样式表。下面的实例展示了 HTML 文档如何链接一个外部样式表。

例 4 "chap1.3.1.3.html"是＜link＞标签实例。

＜html＞
＜head＞
＜link rel=" stylesheet" type=" text/css" href=" /html/csstest1.css" ＞
＜/head＞
＜body＞
＜h1＞我通过外部样式表进行格式化。＜/h1＞
＜p＞我也一样！＜/p＞
＜/body＞
＜/html＞

例 4 的显示效果如图 1.7 所示。

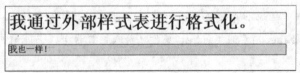

图 1.7 ＜link＞标签实例

4. <meta> 标签

HTML 的 <meta> 标签定义有关页面的元信息（meta-information），比如针对搜索引擎和更新频度的描述和关键词。<meta> 标签位于文档的头部，不包含任何内容。<meta> 标签的属性定义了与文档相关联的名称/值对。在 HTML 中，<meta> 标签没有结束标签，但在 XHTML 中，<meta> 标签必须被正确地关闭。

提示：<meta> 标签永远位于 head 元素内部。元数据总是以名称/值的形式被成对传递。

图 1.8 注解了 HTML 的 <meta> 标签各项关键词的意义。

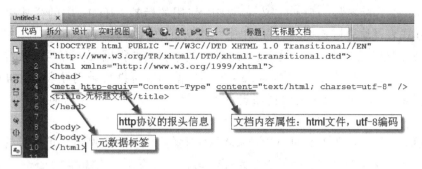

图 1.8　<meta> 标签注解

5. <script> 标签

HTML 的 <script> 标签用于定义客户端脚本，比如 JavaScript。script 元素既可以包含脚本语句，也可以通过 src 属性指向外部脚本文件。其必需的 type 属性规定脚本的 MIME 类型。脚本的常见应用有图像操作、表单验证以及动态内容更新。

提示：

①假如此元素内部的代码没有位于某个函数中，那么这些代码会在页面加载时被立即执行，但 <frameset> 标签之后的脚本会被忽略。

②请参阅 <noscript> 元素。对于那些在浏览器中禁用脚本或者其浏览器不支持客户端脚本的用户来说，该元素非常有用。

例 5　"chap1.3.1.4.html" 是 <script> 标签实例。在 HTML 页面中插入一段 JavaScript 代码，该代码的功能是在网页上书写指定格式的 "Hello World！"。

```
<html>
<body>
<script type=" text/javascript" >
document.write (" <h1>Hello World! </h1>")
</script>
</body>
</html>
```

例5的显示效果如图1.9所示。

> Hello World!

图1.9 <script>标签实例

6. <style>标签

<style>标签是HTML定义样式表时使用的标签。HTML中的样式表称为CSS样式表（层叠样式表），可以用于控制网页的字体、颜色、图像、表格、链接以及布局格式，是Web页面设计的重要技术，它使得网页内容与样式定义彻底分开，甚至可以将CSS保存为.css文件，使用时再进行调用导入。这样就可以通过定义和修改CSS达到页面设计的效果。下面是一个较为简单的样式表实例。

例6 "chap1.3.1.5.html"是<style>标签实例。该实例定义了网页的背景颜色，各行文字的字体、字号、背景灯样式。

```
<head>
<style type="text/css">
body {background-color: yellow}
h1 {background-color: #00ff00}
h2 {background-color: transparent}
p {background-color: rgb (250, 0, 255)}
p.no2 {background-color: gray; padding: 20px;}
</style>
</head>
<body>
<h1>这是标题1</h1>
<h2>这是标题2</h2>
<p>这是段落</p>
<p class="no2">这个段落设置了内边距。</p>
</body>
</html>
```

例6的显示效果如图1.10所示。

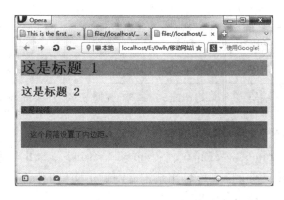

图 1.10 <style>标签实例

1.3.2 HTML 网页正文部分的标签元素

1. body 部分的常用标签元素

HTML 元素除了嵌入在 <head> 标签中的标签元素，其他大部分元素都嵌入在 <body> 标签中。这些标签元素有很多，见表 1.1。

表 1.1 网页正文（body 部分）的主要标签元素

标签	功能	标签	功能	标签	功能
<!-->	注释	<hr>	水平线	<table>	表格
<!DOCTYPE>	文档类型	<img>	图片	<textarea>	文本框
<a>	超链接	<input>	搜集信息	<th>	表头
<address>	地址	<label>	标记	<tr>	表的行
<b>	粗体	<li>	列表	<ul>	无序列表

	换行	<link>	链接	<var>	变量
<button>	按钮	<map>	地图	<sup>	上标
<center>	居中	<object>	对象	<pre>	预格式化
<col>	列	<ol>	有序列表	<td>	数据单元格
<div>	块元素	<option>	选项	<thead>	表格的表头
<em>	强调内容	<p>	段落	<param>	运行时的参数
<font>	字体	<select>	选择框	<h1>	标题1

续表

标签	功能	标签	功能	标签	功能
< form >	表单	< span >	组合行内元素	< sub >	下标
< frame >	框架	< strong >	强调	< big >	大号字体

2. body 部分的常用元素使用举例

1) < h1 >、< hr >、< font >、< sup >、< sub >、< b >等标签

HTML 的 < h1 >到 < h6 >标签用来定义网页正文里的标题。< h1 >定义最大的标题，< h6 >定义最小的标题。

HTML 的 < hr >标签在 HTML 页面中创建一条水平线。水平分隔线（horizontal rule）可以在视觉上将文档分隔成各个部分。

HTML 的 < font >标签规定文本的字体、字体尺寸、字体颜色。

HTML 的 < sup >、< sub >标签可定义上标文本和下标文本。包含在 < sup >标签和其结束标签 </sup >中的内容将会以当前文本流中字符高度的一半（上半高度）来显示，但是与当前文本流中文字的字体和字号都是一样的。包含在 < sub >标签和其结束标签 </sub >中的内容将会以当前文本流中字符高度的一半（下半高度）来显示，但是与当前文本流中文字的字体和字号都是一样的。

HTML 的 < b >标签呈现粗体文本效果。< b >标签明确地将包括在它和其结束标签之间的字符或者文本变成粗体。

以上六种标签都是修饰网页文字的标签。下面的实例中分别演示了上面六种标签修饰文字后的效果。

例7 chap1.3.2.1.html。该实例展示 < h1 >、< hr >、< font >、< sup >、< sub >以及 < b >标签对网页文字的修饰效果。

< head >
< head >
< meta http - equiv = " Content - Type" content = " text/html; charset = utf - 8" / >
< title >无标题文档 </title >
</head >
< body >
< h1 >浙江商业职业技术学院 </h1 >
< h2 >浙江商业职业技术学院 </h2 >
< h3 >浙江商业职业技术学院 </h3 >
< hr / >
< font face = " 黑体" size = " 20" color = " #FF0000" >浙江商业职业

技术学院</font>
 <hr />
 ^{浙江商业职业技术学院}
 _{浙江商业职业技术学院}
 浙江商业职业技术学院
 <hr />
 <b>浙江商业职业技术学院</b>
 </body>
 </html>

例7的显示效果如图1.11所示。

图1.11　<h1>、<hr>、<font>、<sup>、<sub>以及<b>标签修饰网页文字的效果

2) <table>、<th>、<td>、<center>等标签

在网页制作中，表格是很重要、很常用的网页布局元素。<table>标签定义HTML表格。简单的HTML表格由<table>元素以及一个或多个<tr>、<th>或<td>元素组成。<tr>元素定义表格的行，<th>元素定义表头，<td>元素定义表格单元。更复杂的HTML表格也可能包括<caption>、<col>、<colgroup>、<thead>、<tfoot>以及<tbody>元素。

图1.12所示是一个简单的HTML表格实例。

移动商务201334班成绩表

学号	姓名	语文	数学	英语
20133401	沈秀秀	89	70	81
20133401	韩七芳	90	75	88
20133401	张杰	65	73	66
20133401	周鑫	82	77	89

图1.12　网页表格实例

图1.12所示实例的HTML代码见"chap1.3.2.2.html"。

```html
<body>
<h1 align=" center" >移动商务201334班成绩表</h1>
<table border=" 1" align=" center" >
  <tr>
    <th>学号</th><th>姓名</th><th>语文</th><th>数学</th><th>英语</th>
  </tr>
  <tr>
    <td>20133401</td>
    <td>沈秀秀</td>
    <td>89</td>
    <td>70</td>
    <td>81</td>
  </tr>
  <tr>
    <td>20133401</td>
    <td>韩巧芳</td>
    <td>90</td>
    <td>75</td>
    <td>88</td>
  </tr>
  <tr>
    <td>20133401</td>
    <td>张杰</td>
    <td>65</td>
    <td>73</td>
    <td>66</td>
  </tr>
</table>
</body>
```

3) \<a\>、\<link\>、\<address\>等标签

(1) \<a\>标签。

\<a\>标签定义超链接,用于从一个页面链接到另一个页面。\<a\>元素最重要的属性是href属性,它指定链接的目标。例如要链接到w3school,使用如下属性值的\<a\>标签就可以了:

```
<a href=" http://www.w3school.com.cn" >w3school</a>
```

(2) <link>标签。

<link>标签定义文档与外部资源的关系。<link>标签最常见的用途是链接样式表。例如在本 HTML 网页文档中链接一个外部样式表：

```
<head>
<link rel=" stylesheet" type=" text/css" href=" theme.css" />
</head>
```

(3) <address>标签。

<address>标签可定义一个地址（比如电子邮件地址）。可使用它来定义地址、签名或者文档的作者身份。不论创建的文档是简短扼要还是冗长完整，都应该确保每个文档都附加了一个地址，这样做不仅为读者提供了反馈的渠道，还可以增加文档的可信度。

例如，假设作为一名为 w3school 用户服务的工作人员，其地址可以这样进行标记：

```
<address>
<a href=" mailto: service@ w3school.com.cn" >用户服务信箱</a>
<br />
上海赢科投资有限公司 <br />
金桥开发区 789 号 <br />
</address>
```

注释：请注意，在标记邮箱地址的 a 元素中，href 属性中使用了特殊的" mailto:" 字段。

4) <p>、<div>、<li>、<ul>、<ol>等标签

(1) <p>标签。

<p>标签定义段落。p 元素会自动在其前后创建一些空白。浏览器会自动添加这些空间，也可以在样式表中规定。例如，以下代码标记了一个段落：

```
<p>This is some text in a very short paragraph</p>
```

(2) <div>标签。

<div>标签可定义文档中的分区或节（division/section）。<div>标签可以把文档分割为独立的、不同的部分。它可以用作严格的组织工具，并且不使用任何格式与其关联。如果用 id 或 class 来标记<div>，那么该标签的作用会变得更加有效。

<div>是一个块级元素。这意味着它的内容自动地开始一个新行。实际上，换行是<div>固有的唯一格式表现。可以通过<div>的 class 或 id 应用额外的

样式,但不必为每一个<div>都加上类或id,虽然这样做也有一定的好处。可以对同一个<div>元素应用class或id属性,但是更常见的情况是只应用其中一种。这两者的主要差异是,class用于元素组(类似的元素,或者可以将其理解为某一类元素),而id用于标识单独唯一的元素。

例如,文档中如下定义的div区块会显示为绿色:

```
<div style=" color: #00FF00" >
  <h3>This is a header</h3>
  <p>This is a paragraph.</p>
</div>
```

(3) <li>、<ul>、<ol>标签。

<li>标签定义列表项目,<ul>标签定义无序列表,<ol>标签定义有序列表。往往将<li>与<ul>结合使用定义无序列表,将<li>和<ol>结合使用定义有序列表。

例如,网页中要定义如图1.13所示的有序列表和无序列表,其代码见"chap1.3.2.3.html":

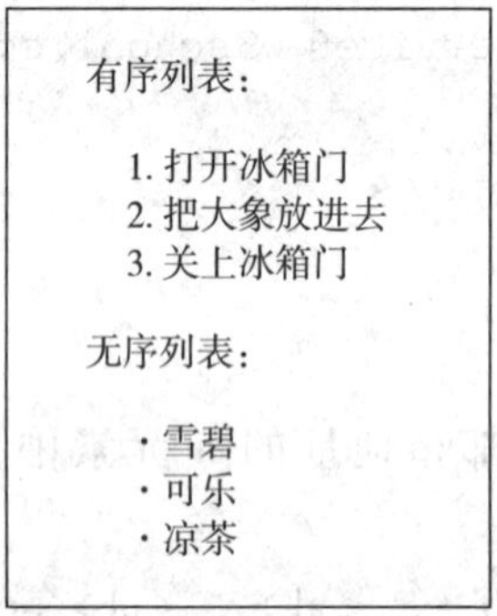

```
有序列表:

  1. 打开冰箱门
  2. 把大象放进去
  3. 关上冰箱门

无序列表:

  · 雪碧
  · 可乐
  · 凉茶
```

图1.13 列表项标签实例

```
<html>
<body>
<p>有序列表:</p>
<ol>
  <li>打开冰箱门</li>
  <li>把大象放进去</li>
  <li>关上冰箱门</li>
</ol>
<p>无序列表:</p>
<ul>
```

```
    <li>雪碧</li>
    <li>可乐</li>
    <li>凉茶</li>
</ul>
</body>
</html>
```

5) <form>、<input>标签

(1) <form>标签。

HTML 中的表单标签 <form> 用于为用户输入创建 HTML 表单。表单能够包含 input 元素，比如文本字段、复选框、单选框、提交按钮等。表单还可以包含 menus、textarea、fieldset、legend 和 label 元素。表单用于向服务器传输数据。

提示：form 元素是块级元素，其前后会产生换行。

图 1.14 是一个简单的表单实例。

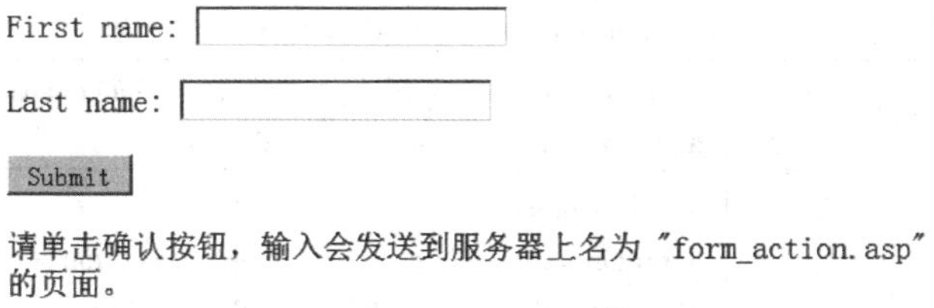

First name: ☐
Last name: ☐

Submit

请单击确认按钮，输入会发送到服务器上名为 "form_action.asp" 的页面。

图 1.14　表单标签实例

图 1.14 所示实例的代码见 "chap1.3.2.4.html"：

```
<html>
<body>
<form action="/example/html/form_action.asp" method="get">
  <p>First name: <input type="text" name="fname" /></p>
  <p>Last name: <input type="text" name="lname" /></p>
  <input type="submit" value="Submit" />
</form>
<p>请单击确认按钮，输入会发送到服务器上名为 "form_action.asp" 的页面。</p>
</body>
</html>
```

(2) <input>标签。

<input>标签用于收集用户信息。根据不同的 type 属性值，输入字段拥有很多种不同形式。输入字段可以是文本字段、复选框、掩码后的文本控件、单选

按钮、按钮等。

例如上面的表单例子中,在表单内嵌入了两个文本输入框和一个提交按钮:

```
<form action=" form_action.asp" method=" get" >
First name: <input type=" text" name=" fname" />
Last name: <input type=" text" name=" lname" />
<input type=" submit" value=" Submit" />
</form>
```

<input>标签的各种属性见表1.2。

表1.2 <input>标签的各种属性

<input>标签的属性定义	实例	备注
定义输入域,text	请输入用户名:<input type="text" >	输入域
定义密码输入域,password	请输入密码:<input type="password" >	密码输入域
定义复选框,checkbox	<input type=" checkbox" name=" Bike" >	复选框
定义单选按钮,radio	<input type=" radio" checked=" checked" name=" Sex" value=" male" />	单选按钮
定义下拉列表,select	<select name=" cars" > <option value=" volvo" >Volvo</option> <option value=" saab" >Saab</option> <option value=" fiat" >Fiat</option> <option value=" audi" >Audi</option> </select>	下拉列表
定义文本输入域,textarea	<textarea rows=" 10" cols=" 30" >	文本域
定义按钮,button	<input type=" button" value=" Hello world!" >	普通按钮
定义提交按钮,submit	<input type=" submit" value=" Submit" />	提交按钮

6)<img>、<embed>标签

(1)<img>标签。

<img>标签元素用于向网页中嵌入一幅图像。从技术上讲,<img>标签并不会在网页中插入图像,而是向网页上添加链接图像。<img>标签创建的是被引用图像的占位空间。<img>标签有两个必需的属性:src属性和alt属性。

例如,在页面中插入一幅w3school的工程师在上海鲜花港拍摄的郁金香照片,网页显示效果如图1.15所示。

图 1.15 列表项标签实例

本例的代码见"chap1.3.2.5.html":

＜html＞
＜body＞
＜img src="yujinxiang.png" alt="上海鲜花港－郁金香"/＞
＜/body＞
＜/html＞

（2）＜embed＞标签。

＜embed＞标签用于在网页中定义播放各种音频、视频标签。如下面的代码定义了网页中播放视频"music.mid"的代码：

＜embed src="music.mid" autostart="true" loop="2" width="80" height="30" ＞

＜embed＞标签的常用属性有：

①src：音乐文件的路径及文件名（完整的路径或URL）；

②ShowTracker：是否显示播放进度条；

③ShowPositionControls：是否显示播放控制按钮如快进等；

④ShowAudioControls：是否显示音量按钮；

⑤ShowStatusBar：是否显示咨询窗；

⑥ShowDisplay：显示更完整的咨询视窗；

⑦EnableContextMenu：防止使用右键；

⑧autostart：true为音乐文件上传完后自动开始播放，默认为false（否）；

⑨loop：true为无限次重播，false为不重播，某一具体值（整数）为重播多少次；

⑩volume：取值范围为"0～100"，设置音量，默认为系统本身的音量；

⑪starttime:"分:秒",设置歌曲开始播放的时间,如,starttime = "00:10",为从第 10 秒开始播放;

⑫endtime:"分:秒",设置歌曲结束播放的时间;

⑬width:控制面板的宽;

⑭height:控制面板的高;

⑮controls:控制面板的外观。

controls = "console/smallconsole/playbutton/pausebutton/stopbutton/volumelever"

其中 controls 有如下常用的参数,各参数的意义如下:

①console:正常大小的面板;

②smallconsole:较小的面板;

③playbutton:显示播放按钮;

④pausebutton:显示暂停按钮;

⑤stopbutton:显示停止按钮;

⑥volumelever:显示音量调节按钮;

⑦hidden:为 true 时可以隐藏面板。

<embed>标签 src 后的文件也可以是 .swf 文件,用来播 FLASH。

例 8 本例演示网页中播放 MP3 音频(图 1.16)和 MP4 视频的功能(图 1.17)。代码见文件 "chap1.3.2.5.html"。

图 1.16 音频播放实例

图 1.17 视频播放实例

音频播放使用的代码如下:

```
<body>
<h1>   播放 MP3 文件</h1>
<embed src="chap02-5.mp3" align=center>
</body>
```

视频播放使用的代码如下:

```
<body>
<h1>   播放 MP4 文件</h1>
<embed src="chap02-5-2.wmv" align=center>
</body>
```

1.4 小结

本章简单介绍了 HTML 的相关知识。学习这些知识对进一步学习网站设计起着很大的促进作用。HTML 虽然是标记语言,但它的内容却相当广泛,比如本章介绍的 HTML 文档结构、基本标签、基本属性等内容。由于篇幅的限制,本章只能对最重要的标签、最常用的属性进行简单介绍,如要全面了解 HTML 知识,则需要查阅专门介绍 HTML 的学习资料。

习 题

一、选择题

1. <head> 标记与 <body> 标记(　　)互相嵌套。
   A. 能够　　　　　　　　　　B. 不能够
2. <font> 标记应用于下列哪组标记之间(　　)。
   A. <html>…</html>　　　　B. <body>…</body>
   C. <head>…</head>　　　　D. <title>…</title>
3. 下面哪种标记是浮动框架标记(　　)。
   A. <frameset> 标记　　　　B. <frame> 标记
   C. iframe 标记　　　　　　　D. <noframes> 标记
4. 标题标记包含 6 种标记符号,每一个级别的字体大小都有明显的区分,下面哪级标题的字号最大(　　)。
   A. <h3>　　B. <h4>　　C. <h5>　　D. <h6>
5. 下面哪种标记是单标记(　　)。
   A. <body>　　B.
　　C. <title>　　D. <html>
6. 在 HTML 超文本标记语言中,标记(　　)大小写。
   A. 区分　　　　B. 不区分

二、编程题

1. 编写如图 1.18 所示效果对应的 HTML 代码(红色字体部分的字号是 3)。

图 1.18 习题图 1

2. 编写如图 1.19 所示效果对应的 HTML 代码。

图 1.19 习题图 2

3. 编写如图 1.20 所示效果对应的 HTML 代码。

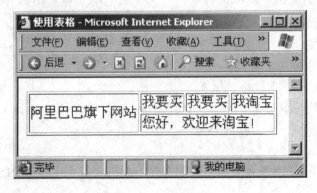

图 1.20 习题图 3

4. 编写如图 1.21 所示效果对应的 HTML 代码。

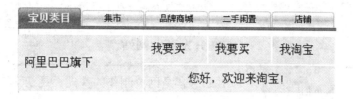

图 1.21　习题图 4

5. 编写如图 1.22 所示效果对应的 HTML 代码（2 行 4 列的表格，左边第一列跨行合并，放图片；右边第二行第 2、3、4 列跨列合并，放文字和注册的超链接）。

图 1.22　习题图 5

6. 编写如图 1.23 所示效果对应的 HTML 代码。

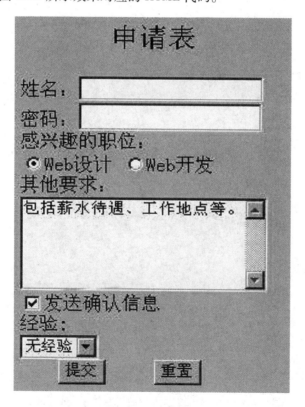

图 1.23　习题图 6

7. 编写如图 1.24 所示效果对应的 HTML 代码。

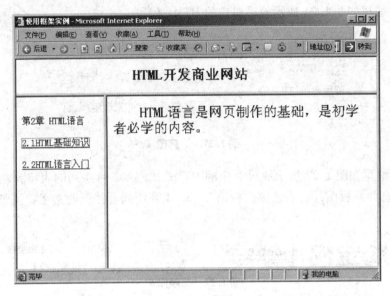

图1.24　习题图7

第 2 章 CSS

CSS 是 Cascading Style Sheets（层叠样式表单）的缩写，它是一种用来表现 HTML 或 XML 等文件样式的计算机语言。目前的 CSS 最新版本为 CSS3，是能够真正做到网页表现与内容分离的一种样式设计语言。相对于传统 HTML 的表现而言，CSS 能够对网页中的对象的位置排版进行像素级的精确控制，支持几乎所有的字体字号样式，拥有对网页对象和模型样式编辑的能力，并能够进行初步的交互设计，是目前基于文本展示最优秀的表现设计语言。CSS 能够根据不同使用者的理解能力，简化或者优化写法，有较强的易读性。

本章主要内容

- CSS 的基本概念
- 样式表的分类
- 样式表的基本知识
- CSS 选择器

2.1 CSS 的基本概念

2.1.1 CSS 简介

层叠样式表（Cascading Style Sheet，CSS），通常又称为"风格样式表"（Style Sheet），是用来进行网页风格设计的。比如，如果想让链接字未被点击时是蓝色的，当鼠标移上去后字变成红色的且有下划线，这就是一种风格。通过设立样式表，可以方便地控制 HTML 中各元素对象的显示属性。级联样式表可以使网站开发人员更有效地控制网页外观，可以精确指定网页元素的位置、外观以及创建特殊效果。

图 2.1 中的字体、字号、背景、位置是通过 CSS 样式表进行设置的，本样式表所用的代码在图片下面，源代码见"chap2.1.1.1.html"。

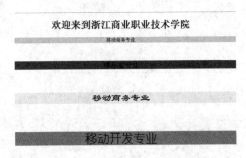

图 2.1　简单的样式表实例

```
<div align="center">
<h1>欢迎来到浙江商业职业技术学院</h1>
<p style="font-family:'宋体';font-size:12pt;background:yellow">移动商务专业</p><br/>
<p style="font-family:'黑体';font-size:18pt;background:#F3F">移开发专业</p><br/>
<p style="font-family:'隶书';font-size:24pt;background:#FFC">移动商务专业</p><br/>
<p style="font-family:'幼圆';font-size:30pt;background:#9C0">移动开发专业</p><br/>
</div>
```

上述样式表实例代码中的"style"属性就是用来定义文字的字体、字号、背景、位置等样式的。

2.1.2　CSS 的发展历史

从 1990 年代初 HTML 被发明开始,样式表就以各种形式出现了,不同的浏览器结合了它们各自的样式语言,网页设计者可以使用这些样式语言来调节网页的显示方式。一开始样式表是给浏览器用的,最初的 HTML 版本只含有很少的显示属性,浏览器来决定网页应该怎样被显示。随着 HTML 的成长,为了满足设计师的要求,HTML 获得了很多显示功能。随着这些功能的增加,外来定义样式的语言越来越没有意义了。

1994 年哈坤·利提出了 CSS 的最初建议,伯特·波斯(Bert Bos)当时正在设计一个叫作 Argo 的浏览器,他们决定一起合作设计 CSS。当时已经有过一些样式表语言的建议了,但 CSS 是第一个含有"层叠"的含义的。在 CSS 中,一个文件的样式可以从其他的样式表中继承下来。使用者在有些地方可以使用自己更喜欢的样式,在其他地方则继承或"层叠"作者的样式。这种层叠的方式使作者和使用者都可以灵活地加入自己的设计，混合个人的爱好。

哈坤于 1994 年在芝加哥的一次会议上第一次展示了 CSS 的建议，1995 年他与波斯一起再次展示这个建议。当时 W3C 刚刚建立，W3C 对 CSS 的发展很感兴趣，它为此组织了一次讨论会。哈坤、波斯和其他一些人（比如微软的托马斯·雷尔登）是这个项目的主要技术负责人。1996 年年底，CSS 已经完成。1996 年 12 月 CSS 要求的第一版本被出版。

1997 年初，W3C 内组织了专门管 CSS 的工作组，其负责人是克里斯·里雷。这个工作组开始讨论第一版中没有涉及的问题，CSS2 作为一项 W3C 推荐，发布于 1999 年 1 月 11 日。

CSS3 分为不同类型，称为"modules"。而每一个"modules"都有于 CSS2 中额外增加的功能，以及向后兼容。CSS3 早于 1999 年已开始制订，直到 2011 年 6 月 7 日，CSS 3 Color Module 终于发布为 W3C Recommendation。CSS3 里增加了不少功能，如"border-radius""text-shadow""transform"以及"transition"。

图 2.2 所示是 CSS3 的标志和使用实例。

图 2.2　CSS3 的标志和使用实例

2.2　样式表的分类

有三种方法可以在站点网页上使用样式表，分别对应样式表的三种类型：
（1）外部样式：将外部样式表链接到网页。
（2）页内样式：在网页上创建嵌入的样式表。
（3）行内样式：应用内嵌样式到各个网页元素。

2.2.1　外部样式表

每一种样式表均有其优缺点。当要在站点上所有或部分网页上一致地应用相同样式时，可使用外部样式表。在一个或多个外部样式表中定义样式，并将它们链接到所有网页，便能确保所有网页外观的一致性。如果人们决定更改样式，只需在外部样式表中修改一次，而该更改会反映到所有与该样式表相链接的网页上。通常外部样式表文件以.css作为文件扩展名，例如 Mystyles.css。然后在需要此样式的页面中将其链接进来，如：

```
<link href="/css/Mystyles.css" rel="stylesheet" type="text/css" />
```

代码中引用的样式表文件"Mystyles.css"是定义在网页文件外部的样式文件，其中包含网页中要用到的各种样式的定义。要在网页上使用外部样式表的样式，可利用上面的语法将该网页链接到样式表。

2.2.2 页内样式表

当人们只是要定义当前网页的样式，可使用页内样式表，即在网页内嵌入样式表。嵌入的样式表是一种级联样式表，"嵌"在网页的<head>标记符内。嵌入样式表中的样式只能在同一网页上使用，如：

```
<style type="text/css">
<!-- /* 把声明的样式包含在一个html注释中，这样可以解决较老的浏览器不识别style的问题 */
body {background: grey;}
-->
</style>
```

使用内嵌样式以应用级联样式表属性到网页元素上，如：

```
<p style="@import url ('style3.css');">CSS document</p>
<!-- 不能在style属性中使用@import -->
```

提示：如果网页链接到外部样式表，为网页所创建的内嵌或嵌入式样式将扩充或覆盖外部样式表中的指定属性。

2.2.3 行内样式表

除了可以利用外部样式和页内样式表中的样式来修饰网页中的对象外，还可以在网页标签元素中使用样式属性（style 属性）来定义本标签元素的样式，这种样式表被称为行内样式表。这种样式表内定义的样式只能对本标签对象产生作用，既不能对本网页的其他标签元素产生作用，也不能对其他网页的标签元素产生作用。行内样式表的实例如下：

`<p style=" border-style: solid" 本样式只对本元素起作用</p>`

上面的样式表对网页内某一个段落的边框进行了定义。行内样式表还有一个好处是可以覆盖外部样式表和页内样式表的效果，也就是行内样式表有最高优先级。

2.3 样式表的基本知识

样式表的基本原理是，通过对网页元素的 style 属性设置合适的值使网页产生预定的显示效果。所以样式表的基本知识包括网页元素的选择、样式设置的基本知识（包括长度单位、颜色、字体、背景、位置等）。下面先介绍样式表的基本知识中的长度单位、颜色以及各种属性及属性值的含义。

2.3.1 CSS 的单位

在 CSS 样式表中需要对网页元素对象的位置、大小、边框距离等属性进行设置，因此要用到各种长度单位。CSS 中长度单位的定义及其含义见表 2.1。

表 2.1 CSS 中的长度单位及描述

单位	描述
%	百分比
in	英寸
cm	厘米
mm	毫米
em	1em 等于当前的字体尺寸 2em 等于当前字体尺寸的两倍 例如，如果某元素以 12pt 显示，那么 2em 是 24pt 在 CSS 中，em 是非常有用的单位，因为它可以自动适应用户所使用的字体
ex	一个 ex 是一个字体的 x-height（x-height 通常是字体尺寸的一半）
pt	磅（1 pt 等于 1/72 英寸）
pc	12 点活字（1 pc 等于 12 点）
px	像素（计算机屏幕上的一个点）

2.3.2 CSS 颜色定义

在 CSS 样式表中需要对网页元素对象（如文字）的颜色属性进行设置。CSS 中常用的颜色定义及其使用方法见表 2.2。

表 2.2 CSS 中的长度单位及描述

单位	描述
（颜色名）	颜色名称（比如 red）
rgb（x，x，x）	RGB 值（比如 rgb（255，0，0））
rgb（x%，x%，x%）	RGB 百分比值（比如 rgb（100%，0%，0%））
#rrggbb	十六进制数（比如 #ff0000）

2.3.3 CSS 属性

样式表通过 style 属性对所选择的网页元素对象进行表现方式的指定，使网页达到预期的展示效果。CSS 样式表能修饰网页的主要效果有动画、背景、边框和轮廓、盒（框）、颜色、内容分页媒体、定位、可伸缩框、字体、生成内容、网格、超链接、行框、列表、外边距、Marquee、多列、内边距、分页媒体、定位、打印、Ruby、语音、表格、文本、2D/3D 转换、过渡、用户界面等很多方面。本书只介绍常用的样式特征及使用方法。

1. CSS 字体属性（Font）

字体相关属性及其描述见表 2.3。

表 2.3 字体相关属性及其描述

属性	描述	CSS
font	在一个声明中设置字体的所有属性	1
font-family	规定文本的字体系列	1
font-size	规定文本的字体尺寸	1
font-size-adjust	为元素规定 aspect 值	2
font-stretch	收缩或拉伸当前的字体系列	2
font-style	规定文本的字体样式	1
font-variant	规定是否以小型大写字母的字体显示文本	1
font-weight	规定字体的粗细	1

2. CSS 背景属性（Background）

CSS 背景相关属性及其描述见表 2.4。

表 2.4 CSS 背景相关属性及其描述

属性	描述	CSS
background	在一个声明中设置所有的背景属性	1
background-attachment	设置背景图像是否固定或者随着页面的其余部分滚动	1
background-color	设置元素的背景颜色	1
background-image	设置元素的背景图像	1
background-position	设置背景图像的开始位置	1
background-repeat	设置是否以及如何重复背景图像	1
background-clip	规定背景的绘制区域	3
background-origin	规定背景图片的定位区域	3
background-size	规定背景图片的尺寸	3

3. CSS 文本属性（Text）

CSS 文本相关属性及其描述见表 2.5。

表 2.5 CSS 文本相关属性及其描述

属性	描述	CSS
color	设置文本的颜色	1
direction	规定文本的方向/书写方向	2
letter-spacing	设置字符间距	1
line-height	设置行高	1
text-align	规定文本的水平对齐方式	1
text-decoration	规定添加到文本的装饰效果	1
text-indent	规定文本块首行的缩进	1
text-shadow	规定添加到文本的阴影效果	2
text-transform	控制文本的大小写	1
unicode-bidi	设置文本方向	2
white-space	规定如何处理元素中的空白	1
word-spacing	设置单词间距	1
hanging-punctuation	规定标点字符是否位于线框之外	3

续表

属性	描述	CSS
punctuation-trim	规定是否对标点字符进行修剪	3
text-align-last	设置如何对齐最后一行或紧挨着强制换行符之前的行	3
text-emphasis	向元素的文本应用重点标记以及重点标记的前景色	3
text-justify	规定当 text-align 设置为"justify"时所使用的对齐方法	3
text-outline	规定文本的轮廓	3
text-overflow	规定当文本溢出包含元素时发生的事情	3
text-shadow	向文本添加阴影	3
text-wrap	规定文本的换行规则	3
word-break	规定非中日韩文本的换行规则	3
word-wrap	允许对长的不可分割的单词进行分割并换行到下一行	3

4. CSS 尺寸属性（Dimension）

CSS 尺寸相关属性及其描述见表 2.6。

表 2.6　CSS 尺寸相关属性及其描述

属性	描述	CSS
height	设置元素的高度	1
max-height	设置元素的最大高度	2
max-width	设置元素的最大宽度	2
min-height	设置元素的最小高度	2
min-width	设置元素的最小宽度	2
width	设置元素的宽度	1

5. 可伸缩框属性（Flexible Box）

CSS 可伸缩属性及其描述见表 2.7。

表 2.7　CSS 可伸缩属性及其描述

属性	描述	CSS
box-align	规定如何对齐框的子元素	3
box-direction	规定框的子元素的显示方向	3
box-flex	规定框的子元素是否可伸缩	3

续表

属性	描述	CSS
box-flex-group	将可伸缩元素分配到柔性分组	3
box-lines	规定当超出父元素框的空间时，是否换行显示	3
box-ordinal-group	规定框的子元素的显示次序	3
box-orient	规定框的子元素是否应水平或垂直排列	3
box-pack	规定水平框中的水平位置或者垂直框中的垂直位置	3

6. CSS 表格属性（Table）

CSS 表格属性及其描述见表 2.8。

表 2.8　CSS 表格属性及其描述

属性	描述	CSS
border-collapse	规定是否合并表格边框	2
border-spacing	规定相邻单元格边框之间的距离	2
caption-side	规定表格标题的位置	2
empty-cells	规定是否显示表格中的空单元格上的边框和背景	2
table-layout	设置用于表格的布局算法	2

7. CSS 边框属性（Border 和 Outline）

CSS 边框属性及其描述见表 2.9。

表 2.9　CSS 边框属性及其描述

属性	描述	CSS
border	在一个声明中设置所有的边框属性	1
border-bottom	在一个声明中设置所有的下边框属性	1
border-bottom-color	设置下边框的颜色	2
border-bottom-style	设置下边框的样式	2
border-bottom-width	设置下边框的宽度	1
border-color	设置四条边框的颜色	1
border-left	在一个声明中设置所有的左边框属性	1
border-left-color	设置左边框的颜色	2

续表

属性	描述	CSS
border-left-style	设置左边框的样式	2
border-left-width	设置左边框的宽度	1
border-right	在一个声明中设置所有的右边框属性	1
border-right-color	设置右边框的颜色	2
border-right-style	设置右边框的样式	2
border-right-width	设置右边框的宽度	1
border-style	设置四条边框的样式	1
border-top	在一个声明中设置所有的上边框属性	1
border-top-color	设置上边框的颜色	2
border-top-style	设置上边框的样式	2
border-top-width	设置上边框的宽度	1
border-width	设置四条边框的宽度	1
outline	在一个声明中设置所有的轮廓属性	2
outline-color	设置轮廓的颜色	2
outline-style	设置轮廓的样式	2
outline-width	设置轮廓的宽度	2
border-bottom-left-radius	定义边框左下角的形状	3
border-bottom-right-radius	定义边框右下角的形状	3
border-image	简写属性，设置所有 border-image-* 属性	3
border-image-outset	规定边框图像区域超出边框的量	3
border-image-repeat	图像边框是否应平铺（repeated）、铺满（rounded）或拉伸（stretched）	3
border-image-slice	规定图像边框的向内偏移	3
border-image-source	规定用作边框的图片	3
border-image-width	规定图片边框的宽度	3
border-radius	简写属性，设置所有四个 border-*-radius 属性	3
border-top-left-radius	定义边框左上角的形状	3
border-top-right-radius	定义边框右下角的形状	3
box-decoration-break		3
box-shadow	向方框添加一个或多个阴影	3

2.4　CSS 选择器

CSS 是一种用于屏幕上渲染 HTML、XML 元素等的一种语言。CSS 主要是在相应的元素中应用样式来渲染对应用的元素。所以要应用 CSS 样式，先要选择对应的元素，因此在 HTML 文档中选择相应的元素就很重要了，选择对应的元素需要选择器。选择器主要是用来确定 HTML 树形结构中的 DOM 元素节点。把 CSS 选择器分成三部分，第一部分是常用的部分，叫作基本选择器；第二部分称作属性选择器，第三部分称作伪类选择器，是最难理解和掌握的部分。先来看第一部分——基本选择器。图 2.3 所示是一个常用的选择器列表图。

*	E	.class
#id	E F	E > F
E + F	E[attribute]	E[attribute=value]
E[attribute~=value]	E[attribute|=value]	:first-child
:lang()	:before	::before
:after	::after	:first-letter
::first-letter	:first-line	::first-line
E[attribute^=value]	E[attribute$=value]	E[attribute*=value]
E - F	:root	:last-child
:only-child	:nth-child()	:nth-last-child()
:first-of-type	:last-of-type	:only-of-type
:nth-of-type()	:nth-last-of-type()	:empty
:not()	:target	:enabled
:disabled	:checked	

图 2.3　常用的选择器列表

下面先看看上表中基本选择器的使用方法和其所起的作用，为了更好地说明问题，先创建一个简单的 DOM 结构，代码如下：

```html
<div class=" demo" >
<ul class=" clearfix" >
<li id=" first" class=" first" >1</li>
<li class=" active important" >2</li>
<li class=" important items" >3</li>
<li class=" important" >4</li>
<li class=" items" >5</li>
<li>6</li>
<li>7</li>
<li>8</li>
<li>9</li>
<li id=" last" class=" last" >10</li>
</ul>
</div>
```

没有加任何样式修饰的网页显示效果如图2.4所示。

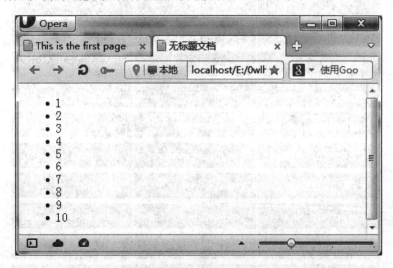

图2.4 没有加任何样式修饰的网页的显示效果

给这个demo加上一些样式，让它好看一点，代码如下：

```css
.demo {
width: 300px;
border: 1px solid #ccc;
padding: 10px;
}
li {
```

```
float: left;
height: 20px;
line-height: 20px;
width: 20px;
-moz-border-radius: 10px;
-webkit-border-radius: 10px;
border-radius: 10px;
text-align: center;
background: #f36;
color: green;
margin-right: 5px;
}
```

初步效果如图 2.5 所示。

图 2.5　初步显示效果

2.4.1　通配符选择器（*）

通配符选择器可用来选择所有元素，也可以选择某个元素下的所有元素，如：

```
*  {
margin: 0;
padding: 0;
}
```

上面的代码表示的是，所有元素的 margin 和 padding 都被设置为 0。另外一种功能就是选择某个元素下的所有元素，代码如下：

```
.demo *  {border: 1px solid blue;}
```

其效果如图 2.6 所示。

图 2.6　为里面元素加上边框

从效果图看，只要是 div.demo 下的元素边框都被加上了新的样式。所有浏览器都支持通配符选择器。

2.4.2 元素选择器（E）

元素选择器是 CSS 选择器中最常见而且最基本的选择器。元素选择器其实就是选择文档的元素，如 html、body、p、div 等，比如下面这个 demo 中的元素包括了 div、ul、li 等。

代码如下：

```
li {background-color: grey; color: orange;}
```

上在表示选择页面的 li 元素，并设置了背景色和前景色，效果如图 2.7 所示。

图 2.7 设置每个元素的底色为灰色

所有浏览器都支持元素选择器（E）。

2.4.3 类选择器（.className）

类选择器是以一独立于文档元素的方式来指定样式，使用类选择器之前需要在 html 元素上定义类名，换句话说需要保证类名在 html 标记中存在，这样才能选择类，如：

```
<li class = " active important items" >2 </li>
```

其中"active, important, items"就是以类给 li 加上一个类名，以便类选择器能正常工作，从而更好地将类选择器的样式与元素相关联。

```
.important {font-weight: bold; color: yellow;}
```

上面的代码表示给有 important 类名的元素加上一个"字体为粗体，颜色为黄色"的样式，如图 2.8 所示。

图 2.8 类选择器使用实例

类选择器还可以结合元素选择器来使用，比如，文档中有好多个元素使用了类名"items"，但只想在 p 元素这个类名上修改样式，那么可以这样进行选择并加上相应的样式：

```
p.items {color: red;}
```

上面的代码只会匹配 class 属性包含 items 的所有 p 元素，但其他任何类型的元素都不匹配，包括有"items"这个类名的元素。"p.items"只会对应 p 元素并且其应有一个类名为"items"。不符合这两个条件的都不会被选择。

类选择器还可以具备多类名，如上所述，li 元素中同时有两个或多个类名，将其以空格隔开，那么选择器也可以使用多类连接在一起，如：

```
.important {font-weight: bold;}
.active {color: green; background: lime;}
.items {color: #fff; background: #000;}
.important.items {background: #ccc;}
.first.last {color: blue;}
```

正如上面的代码所示，".important.items"这个选择器只在元素中同时包含"important"和"items"两个类时才起作用，如图 2.9 所示。

图 2.9　类选择器的组合使用实例

有一点需要注意，如果一个多类选择器包含的类名中有一个不存在，那么这个选择器将无法找到匹配的元素，比如下面这句代码，它就无法到找相对应的元素标签，因为列表中只有一个 li.first 和一个 li.last，不存在一个叫 li.first.last 的列表项：

```
.first.last {color: blue;}
```

提示：通过把两个类选择器链接在一起，仅可以选择同时包含这些类名的元素（类名的顺序不限）。

所有浏览器都支持类选择器，但多类选择器（.className1.className2）不被 IE6 支持。

2.4.4　id 选择器（#ID）

id 选择器和类选择器很相似，在使用 id 选择器之前也需要先在 HTML 文档中加注 id 名称，这样在样式选择器中才能找到相对应的元素，不同的是 id 选择器是页面中唯一的值，在使用类时是在相对应的类名前加上一个"."号（.className），而使用id选择器时是在名称前使用"#"如（#id）。

实例代码如下：

#first {background: lime; color: #000;}
#last {background: #000; color: lime;}

上面的代码就是选择了id为first和last的列表项，其效果如图2.10所示。

图2.10 ID选择器的使用实例

id选择器有几个地方需要特别注意。第一，一个文档中一个id选择器只允许被使用一次，因为id在页面中是唯一的；第二，id选择器不能像类选择器一样多个合并使用，一个元素只能命名一个id名；第三，可以在不同的文档中使用相同的id名，比如说在"test.html"中给h1定义"#important"，也可以给"test1.html"中定义p的id命名为"#important"，但前提是不管在test.html还是test1.html中只允许有一个id叫"#important"。

所有浏览器都支持id选择器。那么什么时候采用id命名？什么时候采用类命名呢？关键的一点就是对具有唯一性的使用id选择器，对类似的使用类选择器。使用这两个选择器时，最好区别大小写。

2.4.5 后代选择器（E F）

后代选择器也被称作包含选择，其作用就是选择某元素的后代元素，比如："E F"，前面E为祖先元素，F为后代元素，其所表达的意思就是选择了E元素的所有后代F元素。请注意它们之间需要一个空格隔开。这里F不管是E元素的子元素或者孙元素，或者它们有更深层次的关系，都将被选中，换句话说，不论F在E中有多少层关系，都将被选中：

.demo li {color: blue;}

上面代码表示的是选中div.demo中的所有li元素。其效果如图2.11所示。

图2.11 后代选择器的使用实例

所有浏览器都支持后代选择器。

2.4.6 子元素选择器（E > F）

子元素选择器只能选择某元素的子元素，其中 E 为父元素，而 F 为子元素，其中"E > F"所表示的是选择了 E 元素下的所有子元素 F。这和后代选择器（E F）不一样，在后代选择器中 F 是 E 的后代元素，而子元素选择器中 F 仅仅是 E 的子元素而以。实例代码如下：

ul > li {background: green; color: yellow;}

上面的代码表示选择 ul 下的所有子元素 li。其效果如图 2.12 所示。

图 2.12　子元素选择器的使用实例

IE6 不支持子元素选择器。

2.4.7 相邻兄弟元素选择器（E + F）

相邻兄弟选择器可以选择紧接在另一元素后的元素，而且它们具有一个相同的父元素，换句话说，E、F 两元素具有一个相同的父元素，而且 F 元素在 E 元素后面，而且它们相邻，这样就可以使用相邻兄弟元素选择器来选择 F 元素。实例代码如下：

li + li {background: green; color: yellow; border: 1px solid #ccc;}

上面的代码表示选择 li 的相邻元素 li，这里一共有 10 个 li，那么上面的代码选择了第 2 个到第 10 个 li，一共 9 个，效果如图 2.13 所示。

图 2.13　相邻兄弟选择器的使用实例 1

因为上面的"li + li"中第二 li 是第一 li 的相邻元素，第三个又是第二个相邻元素，因此第三个也被选择，依次类推，后面九个 li 都被选中了。如果换一种方式来看，可能会更好理解一点：

```
.active + li {background: green; color: yellow; border: 1px sol-
id #ccc;}
```

按照前面所讲的知识，这句代码很明显选择了 li.active 后面相邻的 li 元素，注意和 li.active 后面相邻的元素只有一个，如图 2.14 所示。

图 2.14　相邻兄弟选择器的使用实例 2

IE6 不支持这个选择器。

2.4.8　通用兄弟选择器（E~F）

通用兄弟元素选择器是 CSS3 新增加一种选择器，这种选择器将选择某元素后面的所有兄弟元素，它们也和相邻兄弟元素类似，需要在同一个父元素之中，换句话说，E 和 F 元素是属于同一父元素，并且 F 元素在 E 元素之后，那么 E~F 选择器将选择所有 E 元素后面的 F 元素，比如下面的代码：

```
.active ~ li {background: green; color: yellow; border: 1px sol-
id #ccc;}
```

上面的代码所表示选择了 li.active 元素后面的所有兄弟元素 li，如图 2.15 所示。

图 2.15　通用兄弟选择器的使用实例

通用兄弟选择器和相邻兄弟选择器极其相似，只不过相邻兄弟选择器选择的元素是仅与目标元素相邻的后面元素（选中的仅一个元素）；而通用兄弟元素选择器选中的是与目标元素相邻的后面兄弟元素。

IE6 不支持这种选择器的用法。

2.4.9　群组选择器（selector1，selector2，…，selectorN）

群组选择器是将具有相同样式的元素分组在一起，每个选择器之间用逗号"，"隔开，如 selector1，selector2，…，selectorN。这个逗号告诉浏览器规则中包含多个不同的选择器，如果没有这个逗号，那么其所表达的意思就完全不同了，省去逗号就成了后代选择器，这一点在使用中千万要小心。

实例代码如下：

.first, .last {background: green; color: yellow; border: 1px solid #ccc;}

因为 li.first 和 li.last 具有相同的样式效果，所以把它们写到一个组里来。其效果如图 2.16 所示。

图 2.16　群组选择器的使用实例

所有浏览器都支持群组选择器。

上面 9 种选择器是 CSS3 中的基本选择器，而最常用的是元素选择器、类选择器、id 选择器、后代选择器、群组选择器，在实际应用中可以把这些选择器结合起来使用，以达到目的。

2.5　小结

本章主要介绍了 CSS 样式的基本知识，包括 CSS 样式的概念、类型和基本规则以及创建和应用 CSS 样式的基本方法，最后通过实例介绍了使用 CSS 样式控制网页外观的基本方法。熟练掌握 CSS 样式的基本操作将会给网页制作带来极大的方便，是需要重点学习和掌握的内容之一。

习　题

一、填空题

1. CSS 是"＿＿＿＿"的缩写，可被译为"层叠样式表"或"级联样式表"。
2. 在 Dreamweaver 中，根据选择器的不同类型，CSS 样式被划分为 3 大类，即＿＿＿＿、＿＿＿＿、＿＿＿＿。
3. CSS 样式表文件的扩展名为＿＿＿＿。
4. 设置活动超级链接的 CSS 选择器是＿＿＿＿。
5. 应用＿＿＿＿，网页元素将依照定义的样式显示，从而统一了整个网站的风格。

二、选择题

1. 下面属于［类］选择器的是＿＿＿＿。
   A. #TopTable　　　　　　　　B. .Tdl
   C. P　　　　　　　　　　　　D. #NavTablea：hover

2. 下面属于［标签］选择器的是_____。
   A. #TopTable　　　　　　　B. .Td1
   C. P　　　　　　　　　　　D. #NavTablea：hover

三、问答题
1. 简要总结3种选择器各自的特点。
2. 应用CSS样式有哪几种方法？

四、操作题
根据操作提示设置网页的CSS样式，如图2.17所示。

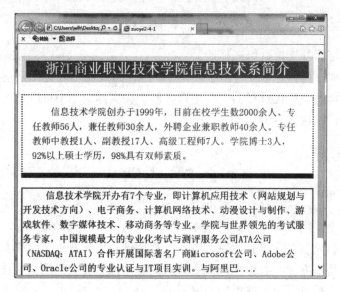

图2.17　习题图

［操作提示］
1. 在文档中输入文本，标题使用"标题2"格式，并且居中换行。
2. 针对该文档重新定义标签"h2"的属性：设置文本［颜色］为"#FFFFFF"，［背景颜色］为"#FF0000"，［文本对齐］为"居中"，方框［宽］为"500像素"，配上边框，边框宽度为5px，边框颜色为绿色。
3. 将段落1的p标签id设为"p1"，将段落2的p标签class设为"p2"，将所有段落的字体设为"宋体"，字号设为"20px"，行高设为30px。
4. 段落1的字体颜色为"yellow"，上、左、右边框为黑色点画线，3px；下边框为实线，10px。段落2的字体颜色为"blue"，边框为红色实线，边框都为3个像素。每个段落的上边距为5像素，下边距为10像素。

五、拓展题
请为你的室友出一道样式表的作业题，可以是填空题、选择题、编程题或问答题。

第 3 章
HTML5 基础

移动互联网的发展速度已经远远超过我们的估计。在一个全新的领域里，Android、iOS 等新技术在移动互联网领域成为最热点的话题之一。与此同时，跨平台的 HTML5 应用在未来更有可能对移动互联网领域产生巨大的影响。

本书的主要内容是对移动互联网的网页设计技术（HTML5）进行全面的介绍。以 HTML5 为核心的移动 Web 技术与传统的 Web 设计有很大的差异，HTML5 网页有更为强大的功能，支持 Web 绘图功能、本地存储、离线应用和使用地理位置。

本章主要介绍 HTML5 语法的变化、新增的元素和废除的元素，以及 HTML5 中的全局属性。

本章主要内容

- HTML5 语法的变化
- HTML5 新增的元素和废除的元素
- 新增的属性和废除的属性
- 全局属性

3.1 HTML5 语法的变化

HTML5 的语法发生了很大变化，HTML5 严格遵守规范实现的 Web 浏览器。之前的 HTML 语法虽然是在 SGML（Standard Generalized Markup Language）语言的基础上规定的，但由于 SGML 语法比较复杂，文档结构解析程序的开发也不大容易，多数 Web 浏览器并不被作为 SGML 解析器运行。因此，以前的 HTML 规范虽然要求"应遵循 SGML 语法"，但实际上遵循规范实现的 Web 浏览器几乎不存在。

HTML5 把提高 Web 浏览器间的兼容性当作重大的目标之一，为确保兼容性，必须强调 HTML 语法的规范，使规范向现实靠拢。新版本的 FireFox、WebKit 已经内置了遵循 HTML5 规范的解析器，IE 和 Opera 也为了能够提供更好的兼容性

3.1.1 HTML5 语法标记

HTML5 中的标记方法如下。

1）内容类型（ContentType）

首先 HTML5 文件的扩展名和内容类型（ContentType）没有发生变化，即扩展名还是".html"或".htm"，内容类型（ContentType）还是".text/html"。

2）DOCTYPE 声明

要使用 HTML5 标记，必须先进行如下的 DOCTYPE 声明，不区分大小写。Web 浏览器通过判断文件开头有没有这个声明，来决定解析器和渲染类型是否切换成对应的 HTML5 模式。语法如下：

<！DOCTYPE html >

请看一个完整的 HTML5 文档，下面是一个简单的 HTML5 文档代码，文件源代码参见"chap3.1.1.1.html"。

```
<！doctype html/>
<meta charset=UTF-8/>
<title>HTML 5 标记实例</title>
<p>这个 HTML 是遵循 HTML5 语法
<br/>编写出来的
```

本代码的显示效果如图 3.1 所示。

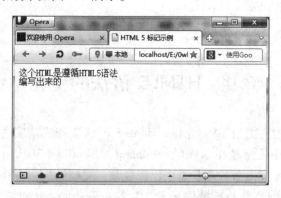

图 3.1　一个简单的 HTML5 文档实例

另外，在使用工具时，也可以在 DOCTYPE 声明方式中加入 SYSTEM 标识（不区分大小写，此外还可将双引号换为单引号来使用），声明方法如下面的代码。

```
<！DOCTYPE HTML SYSTEM " about: legacy-compat" >
```

3）字符编码的设置

字符编码的设置方法也有些新的变化。以前，设置 HTML 文件的字符编码时，要用到 meta 元素，如下所示：

`<meta http-equiv=" Content-Type" content=" text/html; charset=UTF-8">`

在 HTML5 中，可以使用 <meta> 元素的新属性 charset 来设置字符编码。

`<meta charset=" UTF-8">`

以上两种方法都有效，因此也可以继续使用前者的方法（通过 content 元素的属性来设置）。但要注意二者不能同时使用。如下所示的代码是错误的：

`<meta charset=" UTF-8" http-equiv=" Content-Type" content=" text/html; charset=UTF-8">`

注意：从 HTML5 开始，文件的字符编码推荐使用 UTF-8。

3.1.2　HTML5 语法中的 3 个要点

HTML5 中规定的语法，在设计上兼顾了与现有 HTML 之间最大限度的兼容性。例如，在 Web 上充斥着 "<p>没有结束标签" 等 HTML 现象。HTML5 不将这些视为错误，反而采取了 "允许这些现象存在，并将之明确记录在规范中" 的方法。因此，尽管与 XHTML 相比标记比较简洁，但在遵循 HTML5 的 Web 浏览器中能保证生成相同的 DOM。

（1）在 HTML5 中，有些元素可以省略标签。具体来讲有 3 种情况：

①不允许写结束标记的元素有 area、base、br、col、command、embed、hr、img、input、keygen、link、meta、param、source、track、wbr。

不允许写结束标记的元素是指，不允许使用以开始标记与结束标记将元素括起来的形式，只允许使用 "<元素/>" 的形式进行书写。例如："
…</br>" 的写法是错误的，应该写成 "<br/>"。当然，沿袭下来的 "<br>" 这种写法也是允许的。

②可以省略结束标签。

li、dt、dd、p、rt、rp、optgroup、option、colgroup、thead、tbody、tfoot、tr、td、th 可以省略整个标签（即连开始标签都不用写明）。

③可以省略这个标签的元素有：html、head、body、colgroup、tbody。

需要注意的是，虽然这些元素可以省略，但实际上却是隐式存在的。例如 <body> 标签可以省略，但在 DOM 树上它是存在的，可以永恒访问 "document.body"。上述元素中也包括了 HTML5 的新元素。有关这些新元素的用法，将在后面的章节中详细讲解。

（2）取得布尔值（Boolean）的属性。

取得布尔值（Boolean）的属性，例如 disabled 和 readonly 等，通过省略属性的值来表达"值为 true"。如果要表达"值为 false"，则直接省略属性本身即可。此外，在写明属性值来表达"值为 true"时，可以将属性值设为属性名称本身，也可以将值设为空字符串，如下例所示：

```
<!--以下的 checked 属性值皆为 true -->
<input type="checkbox" checked>
<input type="checkbox" checked="checked">
<input type="checkbox" checked="">
```

（3）省略属性的引用符。

设置属性值时，可以使用双引号或单引号来引用。HTML5 语法则更进一步，只要属性值不包含空格、"<"">""'""""、"="等字符，都可以省略属性的引用符，如下例所示：

```
<!—请注意 type 属性的引用符 -->
<input type="text">
<input type='text'>
<input type=text>
```

3.1.3 HTML5 标签实例

下面是纯粹的 HTML5 的简单文档实例，省略了 <html>、<head>、<body> 等标签，使用了 HTML5 的 doctype 声明，通过 meta 元素的 charset 属性设置字符编码格式为 UTF-8，省略了 P 元素的结束标签，meta 元素和 br 元素以 "/>" 结束。代码如下（参见源代码文档"chap3.1.3.1.html"）：

```
<!doctype html/>
<meta charset=UTF-8/>
<title>chap3.1.3.1</title>
<h1>HTML5 标签实例</h1>
<p>这个 HTML 是遵循 HTML5 语法
<br/>编写出来的
<p align="center">本行居中<br/>
<p align="right">本行靠右
```

其效果如图 3.2 所示。

图 3.2　HTML5 标签实例

3.2　新增的元素和废除的元素

3.2.1　HTML5 新增的结构元素

1. section 元素

section 元素定义文档或应用程序中的一个区段，比如章节、页眉、页脚或文档中的其他部分。它可以与 h1、h2、h3、h4、h5、h6 元素结合起来使用，标示文档结构。

HTML5 中 section 元素代码实例如下：

<section>…</section>

与之对应的 HTML4 中的代码实例如下：

<div>…</div>

2. article 元素

article 元素表示文档中的一块独立的内容，譬如博客中的一篇文章或报纸中的一篇文章。

HTML5 中 article 元素代码实例如下：

<article>…</article>

与之对应的 HTML4 代码实例如下：

<div class=" article" >…</div>

3. header 元素

header 元素表示页面中一个内容区块或整个页面的标题。HTML5 中 header 元素代码实例如下：

`<header>…</header>`

与之对应的 HTML4 代码实例如下：

`<div>…</div>`

4. nav 元素

nav 元素表示 HTML5 网页文档中的导航链接部分。
HTML5 中 nav 元素代码实例如下：

`<nav>…</nav>`

HTML4 中代码实例如下：

`<a>…</a>`

5. footer 元素

footer 元素表示整个页面或页面中一个内容区块的脚注。一般来说，它会包含创作者的姓名、文档的创作日期以及创建者的联系信息。

HTML5 中 footer 元素代码实例如下：

`<footer>…</footer>`

HTML4 中代码实例如下：

`<div>…</div>`

3.2.2 新增的块级语义元素

1. aside 元素

aside 元素表示 article 元素的内容之外的与 article 元素的内容相关的有关内容。

HTML5 中代码实例如下：

`<aside>…</aside>`

HTML4 中代码实例如下：

`<div>…</div>`

2. figure 元素

`<figure>` 标签规定独立的流内容（图像、图表、照片、代码等）。HTML5

中 figure 元素表示一段独立的流内容，一般表示文档主体流内容中的一个独立单元。figure 元素的内容应该与主内容相关，但如果被删除，则不应对文档流产生影响。可使用 figcaption 元素为 figure 元素组添加标题。

HTML5 中代码实例如下：

```
<figure>
<figcaption>PRC</figcaption>
<p>The People's Republic of China was born in 1949...</p>
</figure>
```

HTML4 中代码实例如下：

```
<dl>
<h1>PRC</h1>
<p>The People's Republic of China was born in 1949...</p>
</dl>
```

3. dialog 元素

<dialog>标签定义对话，比如交谈。

HTML5 中代码实例（源代码参见"chap3.2.2.1.html"）如下，其效果如图3.3 所示。

```
<dialog>
<dt>老师</dt>
<dd>2+2 等于？</dd>
<dt>学生</dt>
<dd>4</dd>
<dt>老师</dt>
<dd>答对了！</dd>
</dialog>
```

图 3.3　<dialog>标签实例

注意：对话中的每个句子都必须属于 <dt> 标签所定义的部分。<dialog> 标签是 HTML 5 中的新标签。

3.2.3 新增的行内语义元素

1. mark 元素

mark 元素主要用来在视觉上向用户呈现那些需要突出显示或高亮显示的文字。mark 元素的一个比较典型的应用就是在搜索结果中向用户高亮显示搜索关键词。

HTML5 中代码实例如下：

```
<mark>…</mark>
```

一个网站的例子（源代码参见"chap3.2.3.1.html"）如下：

```
<!DOCTYPE HTML>
<html>
<body>
<p>Do not forget to buy <mark>milk</mark> today.</p>
</body>
</html>
```

网页的显示效果如图 3.4 所示。

图 3.4　mark 标签实例

HTML4 中代码实例如下：

```
<span>…</span>
```

2. time 元素

time 元素表示日期或时间，也可以同时表示两者。

HTML5 中代码实例如下：

```
<time>…</time>
```

HTML4 中代码实例：

`<span>…</span>`

3. meter 元素

meter 元素表示度量衡。其仅用于已知最大和最小值的度量。必须定义度量的范围，既可以在元素的文本中，也可以在 min/max 属性中定义。

HTML5 中代码实例如下：

`<meter>…</meter>`

4. progress 元素

progress 元素表示运行中的进程。可以使用 progress 元素来显示 JavaScript 中耗费时间的函数的进程。

HTML5 中代码实例如下：

`<progress>…</progress>`

3.2.4 新增的多媒体元素和交互性元素

新增的嵌入多媒体的元素有 video 和 audio 元素，其分别用来插入视频和声音。值得注意的是可以在开始标签和结束标签之间放置文本内容，这样旧版本的浏览器就可以显示出不支持该标签的信息，例如下面的代码：

`<video src="somevideo.wmv">`您的浏览器不支持 video 标签。`</video>`

HTML5 视频播放的简单实例，代码如下（参见源码文件 chap3.2.4.1.html）：

```
<!DOCTYPE HTML>
<html>
<body>
<video src="movie.mp4" width="320" height="240" controls>
Your browser does not support the video tag.
</video>
</body>
</html>
```

网页（IE 10）的显示效果如图 3.5 所示。

HTML5 也叫 Web Application 1.0，增加 details、datagrid、menu 和 command 元素就是为了提高页面的交互能力。下面分别介绍。

图 3.5 ＜video＞标签实例

1. details 元素

details 元素表示用户要求得到并且可以得到的细节信息。它可以与 summary 元素配合使用。summary 元素提供标题或图例。标题是可见的，用户点击标题时，会显示出 details。summary 元素应该是 details 元素的第一个子元素。

HTML5 中代码实例如下：

```
<details><summary>HTML 5</summary>
This document teaches you everything you have to learn about HTML 5.
</details>
```

2. datagrid 元素

＜datagrid＞标签定义可选数据的列表，datagrid 作为树列表来显示。datagrid 元素与 input 元素配合使用，可以制作出输入值的下拉列表。

HTML5 中代码实例如下：

```
<datagrid>…</datagrid>
```

3. menu 元素

menu 元素表示菜单列表。当希望列出表单控件时使用该标签。

HTML5 中代码实例（完整代码参见"chap3.2.4.2.html"）如下：

```
<menu>
<li><input type="checkbox"/>Red</li>
<li><input type="checkbox"/>blue</li>
```

</menu>

网页的显示效果如图3.6所示。

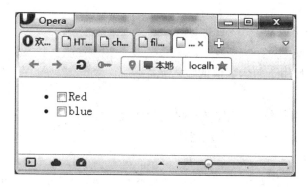

图3.6 <menu>标签实例

注意：HTML4中的menu元素不被推荐使用。

4. command元素

command元素表示用户能够调用的命令。<command>标签可以定义命令按钮，比如单选按钮、复选框或按钮。只有当command元素位于menu元素内时，该元素才是可见的，否则不会显示这个元素，但是可以用它规定键盘快捷键。

HTML5中代码实例（完整代码参见"chap3.2.4.3.html"）如下：

<menu>
<command type=" command" >Click Me! </command>
</menu>

网页的显示效果如图3.7所示。

图3.7 <command>标签实例

5. HTML5新增的输入类型

在HTML4中，input元素作为网页接受用户输入的主要标签元素具有很多的类型，如文本、按钮、单选按钮、复选框、下拉列表等。由于HTML5有更加强大的功能，HTML5中的input元素增加了更多的属性类型，现列举如下。

(1) email 类型。

email 类型用于包含 e-mail 地址的输入域。

(2) url。

url 类型用于包含 URL 地址的输入域。

(3) number。

number 类型用于包含数值的输入域。

(4) range。

range 类型用于包含一定范围内数字值的输入域。

(5) Date Pickers（数据检出器）。

(6) search。

search 类型用于搜索域，比如站点搜索或 Google 搜索。search 域显示为常规的文本域。

6. HTML5 新增的日期、时间类型

HTML5 拥有多个可供选取日期和时间的新输入类型，如：

(1) date：选取日、月、年；

(2) month：选取月、年；

(3) week：选取周和年；

(4) time：选取时间（小时和分钟）；

(5) datetime：选取时间、日、月、年（UTC 时间）；

(6) datetime-local：选取时间、日、月、年（本地时间）。

3.2.5　HTML5 废除的元素

由于各种原因，HTML5 废除了很多原来 HTML 版本的元素，下面逐一介绍。

1. 能使用 CSS 代替的元素

对于 basefont、big、center、font、s、strike、tt、u 这些元素，由于它们的功能都是纯粹为画面展示服务的，而 HTML5 提倡把画面展示性功能放在 CSS 样式表中统一编辑，所以将这些元素废除，并使用编辑 CSS 样式表的方式进行替代。

2. 不再使用 frame 框架

对于 frameset 元素、frame 元素与 noframes 元素，由于 frame 框架对页面存在负面影响，HTML5 已不再支持 frame 框架，只支持 iframe 框架，或者用服务器方创建的由多个页面组成的复合页面的形式，同时将以上三个元素 frameset、frame、noframes 废除。

3. 只有部分浏览器支持的元素

对于 applet、bgsound、blink、marguee 等元素，由于只有部分浏览器支持这些元素，所以它们在 HTML5 中被废除。其中 applet 元素可由 embed 元素替代，bgsound 元素可由 audio 元素替代，marquee 可以由用 JavaScript 编程的方式所替代。

3.3 新增的属性和废除的属性

3.3.1 新增的属性

1. 新增的与表单相关的属性

1）autocomplete 属性

autocomplete 属性规定 form 或 input 域应该拥有自动完成功能。autocomplete 适用于 <form> 标签以及以下类型的 <input> 标签：text、search、url、telephone、email、password、datepickers、range 以及 color。

2）autofocus 属性

autofocus 属性规定在页面加载时，域自动地获得焦点。autofocus 属性适用于所有 <input> 标签的类型。

3）form 属性

form 属性规定输入域所属的一个或多个表单。form 属性适用于所有 <input> 标签的类型。

4）表单重写属性

表单重写属性（form override attributes）允许重写 form 元素的某些属性设定。表单重写属性有：

（1）formaction：重写表单的 action 属性；

（2）formenctype：重写表单的 enctype 属性；

（3）formmethod：重写表单的 method 属性；

（4）formnovalidate：重写表单的 novalidate 属性；

（5）formtarget：重写表单的 target 属性。

表单重写属性适用于以下类型的 <input> 标签：submit 和 image。

5）height 和 width 属性

height 和 width 属性规定用于 image 类型的 input 标签的图像高度和宽度。height 和 width 属性只适用于 image 类型的 <input> 标签。

6）list 属性

list 属性规定输入域的 datalist。datalist 是输入域的选项列表。list 属性适用于以下类型的 <input> 标签：text、search、url、telephone、email、date pickers、number、range 以及 color。

7）min、max 和 step 属性

（1）min、max 和 step 属性用于为包含数字或日期的 input 类型规定限定（约束）。

（2）max 属性规定输入域所允许的最大值。

（3）min 属性规定输入域所允许的最小值。

（4）step 属性为输入域规定合法的数字间隔（如果 step = " 3"，则合法的数是 -3，0，3，6 等）。

min、max 和 step 属性适用于以下类型的 < input > 标签：datepickers、number 以及 range。

8）multiple 属性

multiple 属性规定输入域中可选择多个值。multiple 属性适用于以下类型的 < input > 标签：email 和 file。

9）novalidate 属性

novalidate 属性规定在提交表单时不应该验证 form 或 input 域。novalidate 属性适用于 < form > 标签以及以下类型的 < input > 标签：text、search、url、telephone、email、password、date pickers、range 以及 color。

10）pattern 属性

pattern 属性规定用于验证 input 域的模式（pattern）。模式（pattern）是正则表达式。可以在 JavaScript 教程中学习到有关正则表达式的内容。pattern 属性适用于以下类型的 < input > 标签：text、search、url、telephone、email 以及 password。

11）placeholder 属性

placeholder 属性提供一种提示（hint），描述输入域所期待的值。placeholder 属性适用于以下类型的 < input > 标签：text、search、url、telephone、email 以及 password。

12）required 属性

required 属性规定必须在提交之前填写输入域（不能为空）。required 属性适用于以下类型的 < input > 标签：text、search、url、telephone、email、password、date pickers、number、checkbox、radio 以及 file。

2. 链接相关属性

新增的与链接相关的属性如下。

1）media 属性

为 a 与 area 元素增加了 media 属性，该属性规定目标 URL 是为什么类型的媒介/设备进行优化的。其只能在 href 属性存在时使用。

2）hreflang 属性与 rel 属性

<a>标签的 hreflang 属性用于指定被链接文档的语言。area 元素增加了 hreflang 属性与 rel 属性，以保持与 a 元素、link 元素一致。

3）sizes 属性

为 link 元素增加了新属性 sizes。该属性可以与 icon 元素结合使用（通过 rel 属性），该属性指定关联图标（icon 元素）的大小。

4）target 属性

为 base 元素增加了 target 属性，主要目的是保持与 a 元素的一致性，同时 target 元素由于在 Web 应用程序中，尤其是在与 iframe 结合使用时，是非常有用的，所以它不再是人们不赞成使用的元素了。

3. 其他属性

除了上面介绍的与表单和链接相关的属性外，HTML5 还增加了下面的属性。

1）reversed 属性

为 ol 元素增加 reversed 属性，它指定列表倒序显示。因为它不是被显示在界面上的，所以不再是人们不赞成使用的元素了。

2）charset 属性

为 meta 元素增加 charset 属性，因为这个属性已经被广泛支持，而且为文档的字符编码的指定提供了一种比较良好的方式。

3）type 属性与 label 属性

为 menu 元素增加了两个新的属性 type 与 label。label 属性为菜单定义一个可见的标注，type 属性让菜单可以以上下文菜单、工具条与列表菜单三种形式出现。

4）scoped 属性

为 style 元素增加 scoped 属性，用来规定样式的作用范围，譬如只对页面上某个树起作用。为 script 元素增加 async 属性，它定义脚本是否异步执行。

5）manifest 属性

为 html 元素增加属性 manifest，开发离线 Web 应用程序时它与 API 结合使用，定义一个 URL，在这个 URL 上描述文档的缓存信息。为 iframe 元素增加三个属性 sandbox、seamless 与 srcdoc，以提高页面安全性，防止不被信任的 Web 页面执行某些操作。

3.3.2 废除的属性

HTML4 中的一些属性在 HTML5 中不再被使用，HTML5 采用其他属性或其他方案进行替换，具体情况见表 3.1。

表 3.1　在 HTML5 中被废除了的属性

在 HTML4 中使用的属性	使用该属性的元素	HTML5 的替代方案
rev	link、a	rel
charset	link、a	在被链接的资源的中使用 HTTP Content-type 头元素
shape、coords	a	使用 area 元素代替 a 元素
longdesc	img、iframe	使用 a 元素链接到较长描述
target	link	多余属性，被省略
nohref	area	多余属性，被省略
profile	head	多余属性，被省略
version	html	多余属性，被省略
name	img	id
scheme	meta	只为某个表单域使用 scheme
archive、classid、codebase、codetype、declare、standby	object	使用 data 与 type 属性类调用插件；需要使用这些属性来设置参数时，使用 param 属性
valuetype、type	param	使用 name 与 value 属性，不声明值的 mime 类型
axis、abbr	td、th	使用以明确简洁的文字开头，后跟详述文字的形式；可以对更详细内容使用 title 属性，以使单元格的内容变得简短
scope	td	在被链接的资源中使用 HTTP content-type 头元素
align	caption、input、legend、div、h1、h2、h3、h4、h5、h6、p	使用 CSS 样式表替代
alink、link、text、vlink、background、bgcolor	body	使用 CSS 样式表替代
align、bgcolor、border、cellpadding、cellspacing、frame、rules、width	table	使用 CSS 样式表替代
align、char、charoff、height、nowrap、valign	td、th	使用 CSS 样式表替代

续表

在 HTML4 中使用的属性	使用该属性的元素	HTML5 的替代方案
align、bgcolor、char、charoff、valign	tr	使用 CSS 样式表替代
align、char、charoff、valign、width	col、colgroup	使用 CSS 样式表替代
align、border、hspace、vspace	object	使用 CSS 样式表替代
clear	br	使用 CSS 样式表替代
compact、type	ol、ul、li	使用 CSS 样式表替代
compact	dl	使用 CSS 样式表替代
compact	menu	使用 CSS 样式表替代
width	pre	使用 CSS 样式表替代
align、noshade、size、width	hr	使用 CSS 样式表替代
align、frameborder、scrolling、marginwidth	iframe	使用 CSS 样式表替代
autosubmit	menu	
align、hspace、vspace	img	使用 CSS 样式表替代

3.4 全局属性

在 HTML5 中，新增了一个全局属性的概念。对任何元素都可以使用的属性被称为全局属性。下面介绍 HTML5 中的几个常用的全局属性。

3.4.1 contentEditable 属性

contenteditable 属性是 HTML5 中的新属性。contenteditable 属性规定是否可编辑元素的内容。

其语法如下：

```
<element contenteditable = " value" >
```

下面的代码定义了一段可编辑的段落，完整程序可参见文件 "chap3.4.1.1.html"：

```
<! DOCTYPE HTML >
```

```
<html>
<body>
<p contenteditable = "true" >这是一段可编辑的段落。请试着编辑该
文本。</p>
</body>
</html>
```

网页的显示效果如图 3.8 所示。

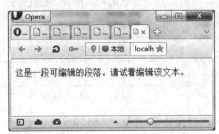

图 3.8　contenteditable 属性实例

3.4.2　hidden 属性

HTML 5 全局 hidden 属性规定对元素进行隐藏。隐藏的元素不会被显示。如果使用该属性，则会隐藏元素。它告诉浏览器这个元素的内容不应该以任何方式显示。

其语法如下：

`<element hidden = " hidden" >`

隐藏段落的实例如下：

`<p hidden = " hidden" >这是一个段落。</p>`

可以对 hidden 属性进行设置，使用户在满足某些条件时不能看到某个元素（比如选中复选框等）。然后，可使用 JavaScript 来删除 hidden 属性，使该元素变得可见。

3.4.3　spellcheck 属性

HTML 5 全局 spellcheck 属性是 HTML5 中的新属性。spellcheck 属性规定是否对元素内容进行拼写检查。

其语法如下：

`<element spellcheck = " value" >`

下面的实例展示带有编写检查的可编辑段落：

```
<!DOCTYPE HTML>
<html>
<body>
<p contenteditable="true" spellcheck="true">这是可编辑的段落。请试着编辑文本。</p>
</body>
</html>
```

网页的显示效果如图 3.9 所示。

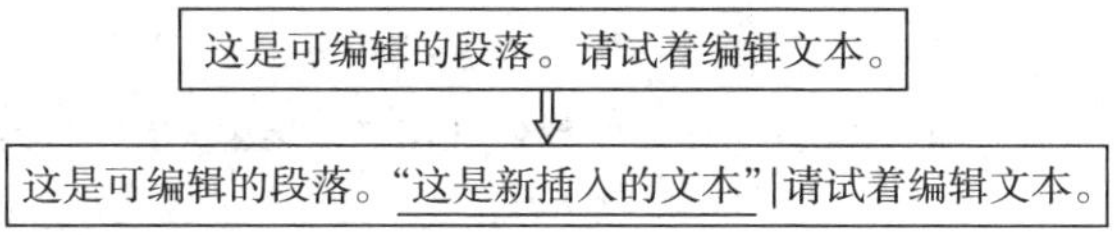

图 3.9　spellcheck 属性实例

3.4.4　tabIndex 属性

tabIndex 属性可设置或返回按钮的 tab 键的控制次序。这种方法过去用得多，现在用得少了。如默认的标签页顺序通常由元素出现的顺序来决定。

其语法如下：

```
buttonObject.tabIndex=tabIndex
```

下面的例子将返回按钮的 tab 键的控制次序（参见"chap3.4.4.1.html"）：

```
<html>
<head>
<script type="text/javascript">
function showTabIndex()
{
var b1=document.getElementById('b1').tabIndex;
var b2=document.getElementById('b2').tabIndex;
var b3=document.getElementById('b3').tabIndex;
document.write(" Tab index of Button 1: " + b1);
document.write(" <br />");
document.write(" Tab index of Button 2: " + b2);
document.write(" <br />");
document.write(" Tab index of Button 3: " + b3);
}
</script>
```

```
</head>
<body>

<form>
<input type="button" id="b1" tabIndex="1" value="Button 1" />
<br />
<input type="button" id="b2" tabIndex="2" value="Button 2" />
<br />
<input type="button" id="b3" tabIndex="3" value="Button 3" />
<br />
<input type="button" onclick="showTabIndex()" value="Show tabIndex" />
</form>
</body>
</html>
```

网页的显示效果如图 3.10 所示。

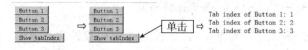

图 3.10　tabIndex 属性实例

3.4.5　designMode 属性

designMode 属性用来指定整个页面是否可编辑，当页面可编辑时，页面中任何支持上文所述的 contentEditable 属性的元素都会变成可编辑状态。designMode 属性只能在 JavaScript 脚本里被编辑修改。该属性有两个值："on"与"off"。属性被指定为"on"时，页面可编辑；属性被指定为"off"时，页面不可编辑。使用 JavaScript 脚本来指定 designMode 属性的方法如下所示：

```
document.designMode="on"
```

针对 designMode 属性，各浏览器的支持情况也各不相同：①IE8：出于安全考虑，不允许使用 designMode 属性让页面进入编辑状态。②IE9：允许使用 designMode 属性让页面进入编辑状态。③Chrome 3 和 Safari：使用内嵌 frame 的方式,该内嵌 frame 是可编辑的。④Firefox 和 Opera:允许使用 designMode 属性让页面进入编辑状态。

3.5 小结

本章从总体上介绍了 HTML 5 对 HTML4 进行了哪些修改,同时讲解了新增的属性及其用法,并以实例形式进行详细的讲解。读者通过认真学习能够快速掌握 HTML 5 新增的属性。同时也对 HTML5 中废除的元素进行了介绍,避免读者在开发的过程中应用到废除的元素,而延长开发时间。

习 题

一、选择题

1. HTML 5 中新的标记 ContentType 表示的是( )。
   A. 编码格式　　　B. 声明　　　C. 内容类型　　　D. 以上都不是
2. 下面关于设置编码格式的语法正确的是( )。
   A. <meta http-equiv="Content-Type',content="text/html;charset=UTF-8">
   B. <meta charset="UTF-8">
   C. <meta charset="UTF-8',http-equiv="Content-Type'' content="text/html;charset=UTF-8">
   D. 以上都错误
3. 下面哪个标记是不允许写结束标记的?( )
   A. 1i　　　　　　B. html　　　C. disabled　　　D. br
4. 可以省略结束标签的是( )。
   A. 1i　　　　　　B. head　　　C. colgroup　　　D. command
5. 下面哪个元素是 HTML 5 新增的元素?( )
   A. U　　　　　　B. iframe　　　C. charset　　　D. section

二、判断题

1. HTML4 中 menu 元素被推荐使用。( )
2. autocomplete 适用于 frame 框架。( )

三、填空题

1. 从 HTML 5 开始,文件的字符编码推荐使用_____。
2. _____+元素表示文档中的一块独立的内容。
3. HTML 5 中新增的嵌入多媒体元素与交互元素是_____和_____。

第4章
HTML5 的结构

4.1 主体结构元素

在 HTML5 中,为使文档的结构更加清晰明确、容易阅读,增加了几个与内容区块、页眉、页脚等文档结构相关联的结构元素。本章讲述 HTML5 中的主题结构元素,包括它们的定义和使用方法。

4.1.1 article 元素

HTML 5 中的 <article> 标签是新增的, <article> 标签定义独立的内容。article 元素一般在定义论坛帖子、报纸文章、博客条目、用户评论的时候使用。

<article> 标签元素使用实例如下,下面的代码是介绍 Safari 5 新版本的一段文章(参见"chap4.1.1.1.html"),其效果如图 4.1 所示。

```
<!DOCTYPE HTML>
<html>
<body>
<article>
<a href=" http://www.apple.com" >Safari 5 released</a><br/>
7 Jun 2010. Just after the announcement of the new iPhone 4 at WWDC,
Apple announced the release of Safari 5 for Windows and Mac......
</article>
</body>
</html>
```

图 4.1 <article>标签元素实例

提示：<article>标签的内容独立于文档的其余部分。

<article>标签支持 HTML 5 中的全局属性。<article>标签也支持 HTML 5 中的事件属性。

4.1.2 section 元素

HTML 5 中的<section>标签定义文档中的节（section、区段），比如章节、页眉、页脚或文档中的其他部分。<section>标签使用实例如下：

<section>
<h1>PRC</h1>
<p>The People's Republic of China was born in 1949...</p>
</section>

下面是一个使用<section>标签的完整例子（参见"chap4.1.1.2.html"），其效果如图 4.2 所示。

```
<!DOCTYPE HTML>
<html>
<body>
<section>
<h1>PRC</h1>
<p>The People's Republic of China was born in 1949...</p>
</section>
</body>
</html>
```

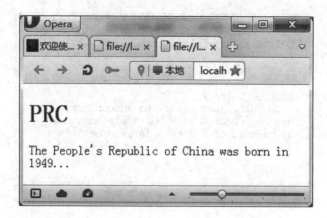

图 4.2 <section>标签元素实例

4.1.3 nav 元素

HTML 5 中的<nav>标签用来定义导航链接的部分。<nav>标签是 HTML 5 中的新标签。

<nav>标签的使用实例如下：

```
<nav>
<a href=" index.asp" >Home</a>
<a href=" html5_meter.asp" >Previous</a>
<a href=" html5_noscript.asp" >Next</a>
</nav>
```

一个<nav>标签的使用实例的完整代码如下（参见"chap4.1.1.3.html"）：

```
<!DOCTYPE HTML>
<html>
<body>
<nav>
<a href=" /html5/index.asp" >Home</a>
<a href=" /html5/tag_meter.asp" >Previous</a>
<a href=" /html5/tag_noscript.asp" >Next</a>
</nav>
</body>
</html>
```

网页的显示效果如图 4.3 所示。

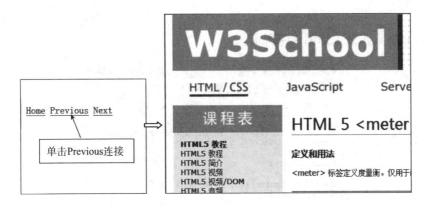

图 4.3 <nav>标签元素实例

提示：如果文档中有"前后"按钮，则应该把它放到<nav>元素中。

<nav>标签支持 HTML 5 中的全局属性。<nav>标签也支持 HTML 5 中的事件属性。

4.1.4 aside 元素

<aside>标签是 HTML 5 中的新标签。HTML 5 的<aside>标签定义其所处内容之外的内容。<aside>的内容应该与附近的内容相关。

<aside>标签的用法实例如下：

```
<p>Me and my family visited The Epcot center this summer.</p>
<aside>
<h4>Epcot Center</h4>
The Epcot Center is a theme park in Disney World, Florida.
</aside>
```

一个<aside>标签的使用实例的完整代码如下（参见"chap4.1.1.4.html"）：

```
<!DOCTYPE HTML>
<html>
<body>
<p>Me and my family visited The Epcot center this summer.</p>
<aside>
<h4>Epcot Center</h4>
The Epcot Center is a theme park in Disney World, Florida.
</aside>
</body>
```

```
</html>
```

网页的显示效果如图 4.4 所示。

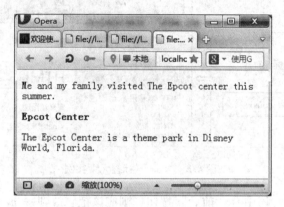

图 4.4 ＜aside＞标签元素实例

提示：＜aside＞的内容可用作文章的侧栏。

＜aside＞标签支持 HTML 5 中的全局属性。＜aside＞标签也支持 HTML 5 中的事件属性。

4.1.5　time 元素

＜time＞标签是 HTML 5 中的新标签。HTML 5 的＜time＞标签定义公历的时间（24 小时制）或日期，时间和时区偏移是可选的。该元素能够以机器可读的方式对日期和时间进行编码，举例说，用户代理能够把生日提醒或排定的事件添加到用户日程表中，搜索引擎也能够生成更智能的搜索结果。

＜time＞标签用法实例如下，如定义时间和日期：

＜p＞我们在每天早上＜time＞9：00＜/time＞开始营业。＜/p＞

＜p＞我在＜time datetime="2008-02-14"＞情人节＜/time＞有个约会。＜/p＞

＜time＞标签使用的完整实例代码如下（参见"chap4.1.1.5.html"）：

```
<!DOCTYPE HTML>
<html>
<body>
<p>
我们在每天早上<time>9：00</time>开始营业。
</p>
<p>
```

我在<time datetime=" 2010-02-14" >情人节</time>有个约会。
</p>
</body>
</html>

网页的显示效果如图4.5所示。

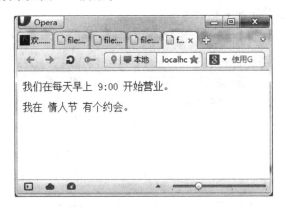

图4.5 <time>标签元素实例

目前所有主流浏览器都不支持<time>标签，如 IE 就不支持。<time>标签支持 HTML 5 中的全局属性。<time>标签也支持 HTML 5 中的事件属性。

4.1.6 pubdate 属性

pubdate 是一个布尔属性，表示一篇<article>或整个<body>内容的发布日期。

其语法如下：

<time datetime=" datetime" pubdate=" pubdate" >

如下面实例所示，<time>标签规定<article>元素的发布日期：

<article>
<time datetime=" 2011-06-22" pubdate=" pubdate" ></time>
Hello world. This is an article....
</article>

pubdate 属性的完整应用实例如下（参见"chap4.1.1.6.html"）：

<! DOCTYPE html >
<html>
<body>
<article>

```
    <time datetime="2011-09-28" pubdate="pubdate"></time>
    Hello world. This is an article....
    </article>
    </body>
    </html>
```

网页的显示效果如图4.6所示。

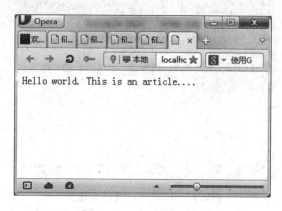

图4.6　pubdate 属性实例

pubdate 属性指示 <time> 元素中的日期/时间是文档（或最近的前辈 <article> 元素）的发布日期。目前所有主流浏览器都不支持 <pubdate> 标签。

4.2　非主体结构元素

除了几个主要的结构元素外，HTML5 还增加了一些表示逻辑结构或附加信息的非主体结构元素。

4.2.1　header 元素

header 元素是一种具有引导和导航作用的结构元素，通常用来放置整个页面或页面中的一个内容区块的标题，但也可以包含其内容，如搜索表单或相关的 logo 图片。

很明显，整个页面的标题应该放在页面的开头，可以用如下形式书写页面标题：

<header> <h1> 页面标题 </h1> </header>

要说明的是，一个网页并未限制 header 元素的个数，其可以拥有多个 header 元素，可以为每个内容区块加一个 header 元素，代码如下（完整代码请参见

"chap4.1.1.7.html"）：

```
<header><h1>页面标题</h1></header>
<body>
<article>
<header>
<h2>文章标题</h2>
</header>
<p>文章正文</p>
</article>
</body>
```

网页的显示效果如图4.7所示。

图4.7 <header>标签实例

<header>标签是HTML 5中的新标签。<header>标签支持HTML 5中的全局属性。<header>标签也支持HTML 5中的事件属性。

4.2.2 hgroup 元素

hgroup元素是将标题及其子标题进行分组的元素。hgroup元素通常会将h1～h6元素进行分组，例如一个内容区块的标题及其子标题算一组。如果文章只有一个标题，是不需要hgroup元素的。实例代码如下：

```
<article>
    <header>
    <h1>文章的标题</h1>
    <p><time datetime="2013-08-01">2013年8月1日
</time></p>
```

```
</header>
<p>文章正文</p>
</article>
```

上面的代码只有一个 header 元素，是不需要 hgroup 元素的，网页的显示效果如图 4.8 所示。

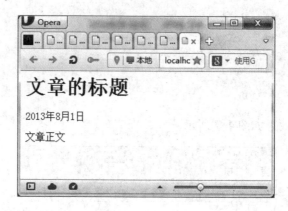

图 4.8　无 <hgroup> 标签实例

但是，如果文章有主标题，主标题下有子标题，就需要使用 hgroup 元素了，实例代码如下：

```
<hgroup>
  <h1>Welcome to my WWF</h1>
  <h2>For a living planet</h2>
</hgroup>
<p>The rest of the content...</p>
```

网页的显示效果如图 4.9 所示。

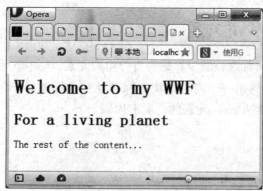

图 4.9　有 <hgroup> 标签实例

<hgroup>标签是 HTML 5 中的新标签,用于对网页或区段(section)的标题进行组合。<hgroup>标签支持 HTML 5 中的全局属性。<hgroup>标签也支持 HTML 5 中的事件属性。

思考:请使用<figcaption>元素为元素组添加标题。

4.2.3 footer 元素

footer 元素是为标注脚注而用的,通常作为其父级内容区块或一个根区块的脚注。footer 通常包括其相关区块的脚注信息,如作者、版权信息、相关阅读链接等。

下面是一个完整的<footer>标签的使用实例(参见"chap4.2.3.1.html"):

```
<body>
<hgroup>
<h1>Welcome to my WWF//主标题</h1>
<h2>For a living planet//副标题</h2>
</hgroup>
<p>The rest of the content...    //正文</p>
<footer>This document was written in 2010.//脚注行</footer>
</body>
```

网页的显示效果如图 4.10 所示。

图 4.10　<footer>标签实例

<footer>标签是 HTML 5 中的新标签,用于标签定义 section 或 document 的页脚。<footer>标签支持 HTML 5 中的标准属性。<footer>标签也支持 HTML 5 中的事件属性。

提示:假如使用 footer 来插入联系信息,应该在 footer 元素内使用 address 元素。

4.2.4 address 元素

<address>标签用于标注当前<article>或文档的作者的详细联系方式,但不适用于邮政地址的通用性元素。联络的细节可以是 E-mail 地址、邮政地址或任何其他方式。

<address>标签在 HTML4 中就有,不是新标签。HTML 5 的<address>标签定义文档作者或拥有者的联系信息。例如下面的实例展示了某篇文章的作者(出处)、E-mail 地址及详细地址:

```
<!DOCTYPE HTML>
<html>
<body>
<address>
Written by W3School.com.cn<br/>
<a href="mailto:us@example.org">Email us</a><br/>
Address: Box 564, Disneyland<br/>
Phone: +12 34 56 78
</address>
</body>
</html>
```

网页的显示效果如图 4.11 所示:

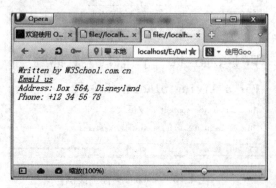

图 4.11 <address>标签实例

address 不是新增元素,通常的做法是将 address 元素添加到网页的头部或底部。如果 address 元素位于 article 元素内部,则它表示该文章的作者或拥有者的联系信息。<address>标签支持 HTML 5 中的全局属性。<address>标签也支持 HTML 5 中的事件属性。

提示：不应该使用<address>标签来描述邮政地址，除非这些信息是联系信息的组成部分。address 元素通常呈现为斜体。大多数浏览器会在该元素的前后换行。

4.3 小结

本章介绍了 HTML5 中新增的结构元素，包括其定义和使用方法。在 HTML5 中，为了使文档的结构更加清晰和明确，追加了几个与页眉、页脚、内容区块等文档结构相关联的结构元素。对这些新增的主体结构，本章通过实例进行了详细的讲解。与此同时，HTML5 内还增加了一些表示逻辑结构或附加信息的非主体结构元素。对这些非主体元素，本章也做了详细的讲解。这些主体结构元素和非主体结构元素是构成整个页面的基础，希望读者认真学习。

习 题

一、选择题

1. 下面关于 hgroup 元素的作用叙述正确的是（　　）。
   A. 编码格式　　　　　　　　　　B. 用来在文档中呈现联系信息
   C. 将标题及其子标题进行分组的元素　D. 以上都正确
2. 下面哪个是新增的主体结构元素？（　　）
   A. footer　　　　　　　　　　　B. nav
   C. header　　　　　　　　　　　D. 以上都是
3. 下面哪个元素可以用来表示插件？（　　）
   A. section　　　　　　　　　　　B. html
   C. nay　　　　　　　　　　　　D. article

二、判断题

1. article 元素是可以嵌套使用的。（　　）
2. nay 元素可以用来构建导航。（　　）

三、填空题

在 datatime 属性中日期与时间之间要用字母_____分隔。

第 5 章
HTML5 中的表单

在开发 Web 应用程序时，表单是页面上非常重要的内容，用户输入的大部分内容都是在表单中完成的，网页与后台的交互在大多数情况下也是通过单击表单中的按钮来完成的。HTML5 大大加强了表单的功能。本章详细介绍 HTML5 的表单元素、属性，以及对表单元素内容的有效性进行验证的功能。

5.1 新增的表单元素与属性

创建 web 应用程序时，会用到大量的表单元素。HTML5 标准吸纳了 Web Form 2.0 的标准，大大强化了表单元素的功能，使表单的开发更快捷方便。

5.1.1 新增的属性

新增加的属性如同新增加的输入控件一样，不管目标浏览器是否支持，都可以放心使用，这是因为现在大多数浏览器如果不支持某一特性时会直接忽略它们，而不是报错。下面介绍 HTML5 新增的表单属性。

1. placeholder 属性

placeholder 是指当文本框（< input type = "text" > 或 < textarea >）处于未输入状态时文本框中显示的输入提示。当文本框处于未输入状态并且未获取光标焦点时，模糊显示输入提示文字。

实现方法非常简单，只要加上 placeholder 属性，然后指定提示文字就可以了。placeholder 属性的使用方法如下，其效果如图 5.1 所示。

< input type = " text" placeholder = " 请在这里输入…" >

2. autocomplete 属性

autocomplete 属性是 HTML5 中的新属性。HTML 5 < form > 的 autocomplete 属性规定表单是否应该启用自动完成功能。它允许浏览器预测对字段的输入并自动完成输入。当用户在字段开始键入时，浏览器基于之前键入过的值，显示出可以在字段中填写的可选项。

图 5.1 placeholder 属性实例

其语法为：<form autocomplete = " on | off" >

其中参数"on"是默认的，规定启用自动完成功能。参数"off"规定禁用自动完成功能。

autocomplete 属性的表单应用实例（参见源码"chap05.1.1.1.html"）如下，其效果如图 5.2 所示。

<!DOCTYPE HTML>
<html>
<body>
<form action = "/example/html5/demo_form.asp" method = "get" autocomplete = "on" >
First name: <input type = "text" name = "fname" />
Last name: <input type = "text" name = "lname" />
E-mail: <input type = "email" name = "email" autocomplete = "off" />
<input type = "submit" />
</form>
<p>请填写并提交此表单，然后重载页面，来查看自动完成功能是如何工作的。</p>
<p>请注意，表单的自动完成功能是打开的，而 e-mail 域是关闭的。</p>
</body>
</html>

图 5.2 autocomplete 属性实例

提示：在某些浏览器中，可能需要手动启用自动完成功能。

3. autofocus 属性

autofocus 属性规定在页面加载时，域自动地获得焦点。

其语法为：User name：< input type = " text" name = " user_ name" autofocus = " autofocus" / >

autocomplete 属性的表单应用实例（参见源码"chap05.1.1.2.html"）如下，其效果如图 5.3 所示。

```
<!DOCTYPE HTML>
<html>
<body>
<form action = " /example/html5/demo_ form.asp" method = " get" >
  User name: < input type = " text" name = " user_ name" autofocus = " autofocus" / >
  <input type = " submit" / >
</form>
</body>
</html>
```

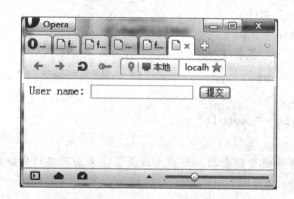

图 5.3 autofocus 属性实例

提示：autofocus 属性适用于所有 < input > 标签的类型。

4. list 属性

HTML5 为单行文本框增加了一个 list 属性，该属性的值为某个 datalist 元素的 id。datalist 元素也是 HTML5 的新增元素，该元素类似于一个选择框（select），但是当用户想要设置的值不在选择列表之内时，允许其自行输入。该元素并不显示，而是当文本框获得焦点时以提示输入的方式显示。

list 属性的使用方法实例如下。在文本框中有待选品牌，图 5.4 所示是网页代码（参见"chap05.1.1.4.html"）：

```
<!DOCTYPE HTML>
<html>
<body>
<input list="cars" />
    <datalist id="cars">
        <option value="BMW">
        <option value="Ford">
        <option value="Volvo">
    </datalist>
</body>
</html>
```

图 5.4　list 属性实例程序截图

注意：程序中，list 属性的值要与 datalist 标签的 id 属性值相同。网页显示效果如图 5.5 所示。

图 5.5　list 属性实例

list 属性适用于以下类型的 <input> 标签：text、search、url、telephone、email、date pickers、number、range 以及 color。

5. min、max 和 step 属性

min、max 和 step 属性用于为包含数字或日期的 input 类型规定限定（约束）。max 属性规定输入域所允许的最大值。min 属性规定输入域所允许的最小值。step 属性为输入域规定合法的数字间隔（如果 step="3"，则合法的数字是 -3、0、3、6 等）。

下面的例子显示一个数字域，该域接受介于 0 到 10 之间的值，且步进为 3（即合法的值为 0、3、6 和 9）。代码如下：

```
<form action="/example/html5/demo_form.asp" method="get">
Points: <input type="number" name="points" min="0" max="10" step="3" />
<input type="submit" />
```

```
</form>
```

在 Opera 15.0 下测试，网页的显示效果如图 5.6 所示。

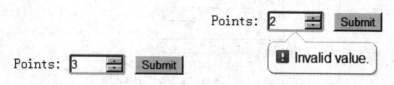

图 5.6 min、max 和 step 属性使用实例

提示：min、max 和 step 属性适用于以下类型的 <input> 标签：date pickers、number 以及 range。

6. required 属性

required 属性规定必须在提交之前填写输入域（不能为空）。required 属性适用于以下类型的 <input> 标签：text、search、url、telephone、email、password、date pickers、number、checkbox、radio 以及 file。

下面的实例为网页中一个必须填写的输入框：

```
<!DOCTYPE HTML>
<html>
<body>
<form action="/example/html5/demo_form.asp" method="get">
Name: <input type="text" name="usr_name" required="required" />
<input type="submit" />
</form>
</body>
</html>
```

网页的显示效果如图 5.7 所示。

图 5.7 required 属性使用实例

7. multiple 属性

multiple 属性规定输入域中可选择多个值。multiple 属性适用于以下类型的

\<input\>标签：email 和 file。

其语法为：Select images：\<input type="file" name="img" multiple="multiple"/\>

multiple 属性的使用实例如下：

```
<!DOCTYPE HTML>
<html>
<body>
<form action="/example/html5/demo_form.asp" method="get">
Select images: <input type="file" name="img" multiple="multiple"/>
<input type="submit"/>
</form>
<p>当您浏览文件时，请试着选择多个文件。</p>
</body>
</html>
```

网页的显示效果如图 5.8 所示。

图 5.8　multiple 属性使用实例

8. novalidate 属性

novalidate 属性规定在提交表单时不应该验证 form 或 input 域。novalidate 属性适用于 \<form\> 以及以下类型的 \<input\> 标签：text、search、url、telephone、email、password、date pickers、range 以及 color。

novalidate 属性的使用实例如下：

```
<!DOCTYPE HTML>
<html>
<body>
<form action="/example/html5/demo_form.asp" method="get" novalidate="novalidate">
E-mail: <input type="email" name="user_email"/>
<input type="submit"/>
</form>
</body>
```

```
</html>
```

网页的显示效果如图 5.9 所示。

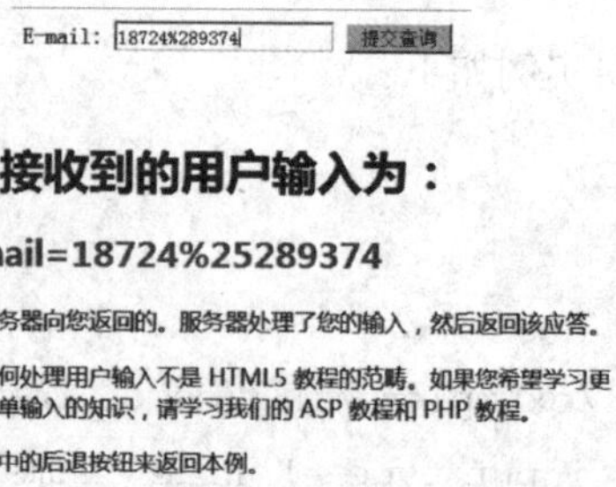
E-mail: 18724%289374
提交查询
服务器接收到的用户输入为：
user_email=18724%25289374
该页面是从服务器向您返回的。服务器处理了您的输入，然后返回该应答。
讲解服务器如何处理用户输入不是 HTML5 教程的范畴。如果您希望学习更多有关处理表单输入的知识，请学习我们的 ASP 教程和 PHP 教程。
请使用浏览器中的后退按钮来返回本例。

图 5.9　novalidate 属性使用实例

反例（validate）的使用实例如下：

```
<! DOCTYPE HTML>
<html>
<body>
<form  method=" get" >
E-mail: <input type=" email" name=" user_ email" />
<input type=" submit" />
</form>
</body>
</html>
```

网页的显示效果如图 5.10 所示。

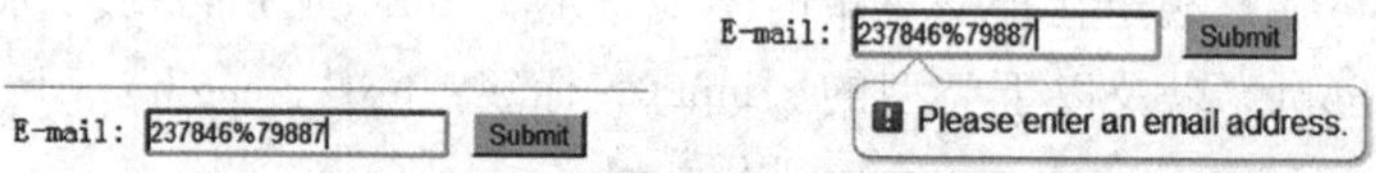
E-mail: 237846%79887
Submit
E-mail: 237846%79887
Submit
Please enter an email address.

图 5.10　novalidate 属性反例使用实例

9. pattern 属性

pattern 属性规定用于验证 input 域的模式（pattern），模式（pattern）是正则表达式。可以在 JavaScript 教程中学习有关正则表达式的内容。pattern 属性适用于以下类型的 <input> 标签：text、search、url、telephone、email 以及 password。

下面的例子显示了一个只能包含三个字母的文本域（不含数字及特殊字符）：

```
<! DOCTYPE HTML>
<html>
<body>
```

```
<form action=" /example/html5/demo_ form.asp" method=" get" >
Country code: <input type=" text" name=" country_ code" pat-
tern=" [A-z] {3}"
title=" Three letter country code" />
<input type=" submit" />
</form>
</body>
</html>
```

网页的显示效果如图 5.11 所示。

图 5.11　pattern 属性使用实例

5.1.2　新增与改良的 input 元素

HTML5 增加了改良了的 input 元素的种类，可以简单地使用这些元素来实现 HTML5 之前需要使用 JavaScript 才能实现的许多功能。

HTML5 的新 Input 类型，拥有多个新的表单输入类型。这些新特性提供了更好的输入控制和验证。这些新的输入类型有：email、url、number、range、Date pickers（date、month、week、time、datetime，datetime-local）、search、color 等。浏览器对 HTML5 新增的表单类型的支持情况见表 5.1。

表 5.1　浏览器对 HTML5 新增的表单类型的支持情况

Input type	IE	Firefox	Opera	Chrome	Safari
email	No	4.0	9.0	10.0	No
url	No	4.0	9.0	10.0	No
number	No	No	9.0	7.0	No
range	No	No	9.0	4.0	4.0
Date pickers	No	No	9.0	10.0	No
search	No	4.0	11.0	10.0	No
color	No	No	11.0	No	No

提示：Opera 对新的输入类型的支持最好，不过目前已经可以在所有主流的浏览器中使用它们了。即使它们不被支持，仍然可以显示为常规的文本域。

1. email 输入类型

email 类型用于应该包含 e-mail 地址的输入域。在提交表单时，它会自动验证 email 域的值。

使用实例如下：

```
<form action="/example/html5/demo_form.asp" method="get">
E-mail: <input type="email" name="user_email" /><br />
<input type="submit" />
</form>
```

网页的显示效果如图 5.12 所示。

图 5.12　input 元素 email 类型使用实例

2. url 输入类型

url 类型用于应该包含 URL 地址的输入域。在提交表单时，它会自动验证 url 域的值。

使用实例如下：

```
<form method="get">
url: <input type="url" name="user_url" /><br />
<input type="submit" />
</form>
```

网页的显示效果如图 5.13 所示。

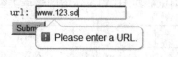

图 5.13　input 元素 url 类型使用实例

3. number 输入类型

number 类型用于应该包含数值的输入域，它还能够设定对所接受的数字的限定（约束）。

使用实例如下：

```
<form method="get">
Points: <input type="number" name="points" min="1" max="10" />
```

```
<input type = " submit" />
</form>
```

网页的显示效果如图 5.14 所示。

图 5.14 input 元素 number 类型使用实例

可使用表 5.12 所示的属性来规定对数字类型的限定。

表 5.2 对数据值设置约束的可用属性

属性	值	描述
max	number	规定允许的最大值
min	number	规定允许的最小值
step	number	规定合法的数字间隔（如果 step = " 3"，则合法的数是 -3，0，3，6 等）
value	number	规定默认值

4. range 输入类型

range 设置一个输入的范围，输入类型用于应该包含一定范围内数字值的输入域。range 类型显示为滑动条，能够设定对所接受的数字的限定。

使用实例如下：

```
<form  method = " get" >
Points: <input type = " range" name = " points" min = " 1" max = " 10" />
<input type = " submit" />
</form>
```

网页的显示效果如图 5.15 所示。

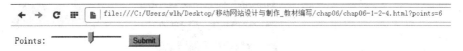

图 5.15 input 元素 range 类型使用实例

5. Date Pickers 输入类型（日期选择器）

HTML5 拥有多个可供选取日期和时间的新输入类型，主要有以下类型：

(1) date：选取日、月、年；
(2) month：选取月、年；
(3) week：选取周和年；
(4) time：选取时间（小时和分钟）；
(5) datetime：选取时间、日、月、年（UTC 时间）；
(6) datetime-local：选取时间、日、月、年（本地时间）。

下面的例子允许用户从日历中选取一个日期：

Date：< input type = " date" name = " user_ date" />

网页的显示效果如图 5.16 所示。

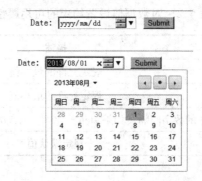

图 5.16　input 元素 date 类型使用实例

输入类型 month 的实例如下：

< form　method = " get" >
Month：< input type = " month" name = " user_ date" />
< input type = " submit" />
</ form >

其运行结果如图 5.17 所示。

图 5.17　input 元素 month 类型使用实例

输入类型 week 的实例如下：

```
< form  method = " get" >
Week: < input type = " week" name = " user_ date" / >
< input type = " submit" / >
</ form >
```

其运行结果如图 5.18 所示。

图 5.18　input 元素 week 类型使用实例

输入类型"time"的实例如下：

```
< form method = " get" >
Time: < input type = " time" name = " user_ date" / >
< input type = " submit" / >
</ form >
```

其运行结果如图 5.19 所示。

图 5.19　input 元素 time 类型使用实例

输入类型"datetime"的实例如下：

```
< form  method = " get" >
Date and time: < input type = " datetime" name = " user_ date" / >
< input type = " submit" / >
</ form >
```

其运行结果如图 5.20 所示。

Date and time: [   ] Submit

图 5.20　input 元素 datetime 类型使用实例

输入类型"datetime-local"的实例如下：

```
<form method="get">
Date and time: <input type="datetime-local" name="user_date"/>
<input type="submit"/>
</form>
```

其运行结果如图 5.21 所示。

图 5.21　input 元素 datetime 类型使用实例

5.1.3　output 元素

<output> 标签是 HTML 5 中的新标签。HTML 5 的 <output> 标签定义不同类型的输出，比如脚本的输出。

下面是使用实例，说明如何在表单中使用 output 元素：

```
<!DOCTYPE HTML>
<html>
<head>
<script type="text/javascript">
function write_sum()
{
x=5
y=3
document.forms["sumform"]["sum"].value=x+y
}
```

```
</script>
</head>
<body onload=" write_ sum ()" >
< form  method =" get" name =" sumform" >
<output name =" sum" > </output >
</form >
</body >
</html >
```

其运行结果如图 5.22 所示。

图 5.22 output 元素使用实例

output 元素的属性、值及其描述见表 5.3。

表 5.3 output 元素的属性、值及其描述

属性	值	描述
for	id of another element	定义输出域相关的一个或多个元素。
form	formname	定义输入字段所属的一个或多个表单。
name	unique name	定义对象的唯一名称（表单提交时使用）

<output>标签支持 HTML 5 中的全局属性。<output>标签也支持 HTML 5 中的事件属性。

5.1.4 利用新增元素制作注册表单

现应用 HTML5 的新增元素制作一个网站上常用的简单用户注册页面，主要代码如下：

```html
<body>
<h1>注册表单</h1>
<form id=regForm onsubmit=" return chkForm();" method=post>
<fieldset>
<ol>
<li><label for=username>用户昵称：</label><input id=username name=username autofocus required>
<li><label for=uemail>Email：</label><input id=uemail type=email name=uemail required placeholder="example@domain.com">
<li><label for=age>工作年龄：</label><input id=age type=range name=range1 max="60" min="18"><output onforminput="value=range1.value">30</output>
<li><label for=age2>年龄：</label><input id=age2 type=number required placeholder="your age">
<li><label for=birthday>出生日期：</label><input id=birthday type=date>
<li><label for=search>个人主页：</label><input id=search type=url required list="searchlist">
<datalist id=searchlist>
<option label="Google" value="http://www.google.com" />
<option label="Yahoo" value="http://www.yahoo.com" />
<option label="Bing" value="http://www.bing.com" />
<option label="Baidu" value="http://www.baidu.com" />
</datalist></li>
</ol>
</fieldset>
<div><button type=submit>注册</button></div></form>
</body>
```

其运行结果如图5.23所示。

图 5.23 制作注册表单

网页元素没有加上对文字、位置、背景等修饰，显示效果不好看。为了达到较好的显示效果，可加上如下样式表代码来修饰网页元素：

< LINK media = all href = " reset.css" type = text/css rel = stylesheet >

< STYLE type = text/css > BODY {

  FONT-SIZE: 12px; BACKGROUND: #fff; COLOR: #000; LINE-HEIGHT: 1.25; FONT-FAMILY: " Times New Roman", Times, serif; TEXT-ALIGN: center

}

H1 {

  FONT-WEIGHT: bold; FONT-SIZE: 14px; LINE-HEIGHT: 2em

}

FORM {

  PADDING-RIGHT: 4px; PADDING-LEFT: 4px; BACKGROUND: #9cbc2c; PADDING-BOTTOM: 4px; MARGIN: 0px auto; WIDTH: 500px; PADDING-TOP: 4px; border-radius: 5px; moz-border-radius: 5px; webkit-border-radius: 5px; khtml-border-radius: 5px; moz-box-shadow: 0 0 4px rgba (0, 0, 0, 0.4); webkit-box-shadow: 0 0 4px rgba (0, 0, 0, 0.4); box-shadow: 0 0 4px rgba (0, 0, 0, 0.4)

}

FIELDSET {

```
            PADDING-RIGHT: 10px; PADDING-LEFT: 10px; PADDING-BOTTOM:
10px; BORDER-TOP-STYLE: none; PADDING-TOP: 10px; BORDER-RIGHT-STYLE:
none; BORDER-LEFT-STYLE: none; BORDER-BOTTOM-STYLE: none
        }
        #regForm OL LI {
            CLEAR: both; BORDER-RIGHT: #f7f7f7 1px solid; PADDING-
RIGHT: 10px; BORDER-TOP: #f7f7f7 1px solid; PADDING-LEFT: 10px; BACK-
GROUND: white; MARGIN-BOTTOM: 12px; PADDING-BOTTOM: 5px; BORDER-
LEFT: #f7f7f7 1px solid; LINE-HEIGHT: 30px; PADDING-TOP: 5px; BORDER-
BOTTOM: #f7f7f7 1px solid; POSITION: relative; border-radius: 5px;
moz-border-radius: 5px; webkit-border-radius: 5px; khtml-border-ra-
dius: 5px
        }
        UNKNOWN {
            BORDER-RIGHT: #999 1px solid; PADDING-RIGHT: 5px; BORDER-
TOP: #999 1px solid; PADDING-LEFT: 5px; PADDING-BOTTOM: 5px; FONT: i-
talic 13px Georgia," Times New Roman", Times, serif; BORDER-LEFT: #
999 1px solid; WIDTH: 200px; PADDING-TOP: 5px; BORDER-BOTTOM: #999
1px solid; border-radius: 3px; moz-border-radius: 3px
            background: #fff; webkit-border-radius: 3px; khtml-border-
radius: 3px; outline: medium none
        }
        #regForm OL LI: hover {
            BORDER-LEFT-COLOR: #9cbc2c; BACKGROUND: #f7f7f7; BORDER-
BOTTOM-COLOR: #9cbc2c; BORDER-TOP-COLOR: #9cbc2c; BORDER-RIGHT-COL-
OR: #9cbc2c
        }
        #regForm LABEL {
            FLOAT: left; FONT: italic 13px/30px Georgia," Times New Ro-
man", Times, serif; WIDTH: 120px
        }
        #regForm BUTTON {
            PADDING-RIGHT: 15px; PADDING-LEFT: 15px; BACKGROUND: #
384313; PADDING-BOTTOM: 4px; MARGIN: auto; FONT: 14px Georgia,
" Times New Roman", Times, serif; COLOR: #ffffff; BORDER-TOP-STYLE:
none; PADDING-TOP: 4px; BORDER-RIGHT-STYLE: none; BORDER-LEFT-STYLE:
none; LETTER-SPACING: 1px; BORDER-BOTTOM-STYLE: none; border-radius:
```

```
14px; moz-border-radius: 14px; webkit-border-radius: 14px; khtml-
border-radius: 14px; text-shadow: 0 1px 1px #000000
        }
        #agev {
            LEFT: 430px; POSITION: absolute
        }
</STYLE>
```

样式修饰后注册表单的显示结果如图 5.24 所示。

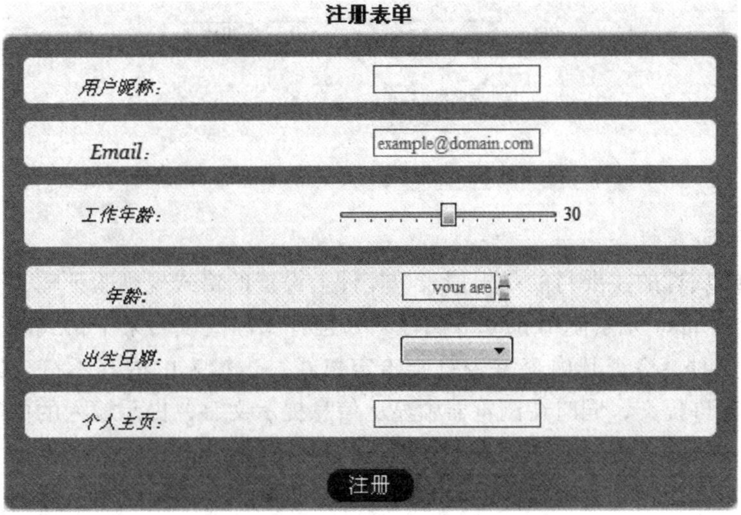

图 5.24 加上样式表后的注册表单

5.2 表单验证

HTML5 增加了大量的表单元素与属性，也增加了大量的在表单提交时对表单域中表单内新增元素的验证功能。本章将详细介绍这些验证功能。

5.2.1 自动验证

在 HTML5 中，下列属性具有在表单提交时执行自动验证的功能。

1. required 属性

required 属性的主要目的是确保表单控件中的值已填写。在提交时，如果元素中的内容为空白，则不允许提交，同时在浏览器中显示提交信息出错的提示文字,提示用户在这个元素中必须输入内容。

使用实例如下:

＜form method=" get" ＞

Name: ＜input type=" text" name=" usr_name" required=" required" /＞

＜input type=" submit" value=" 提交" /＞

＜/form＞

其运行结果如图 5.25 所示。

图 5.25　必填写 required 域,若未填入内容则提交时报错

2. pattern 属性

pattern 属性的主要目的是根据表单控件上设置的格式规则验证输入是否为有效格式。对 input 元素使用 pattern 属性,并且将属性值设为某个格式的正则表达式,在提交时会检查其内容是否符合给定格式。当输入的内容不符合给定格式时,则不允许提交,同时在浏览器中显示信息提示文字,提示输入的内容必须符合给定格式。

例如下面的代码要求输入的内容必须为一个数字与三个大写字母。

＜input pattern=" [0-9][A-Z]{3}" name=" mr" placeholder=" 输入内容:一个数字与三个大写字母。" /＞

其运行结果如图 5.26 所示。

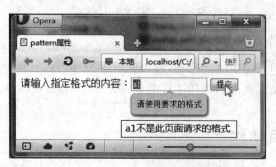

图 5.26　pattern 属性的表单验证

3. min 属性与 max 属性

min 与 max 这两个属性是数值类型或日期类型的 input 元素的专用属性,它

们限制了在 input 元素中输入的数值与日期的范围。验证功能如图 5.27 所示。

图 5.27　min、max 属性的表单验证

4. step 属性

step 属性控制 input 元素中的值增加或减少时的增量。例如当想让用户输入的值在 0 与 100 之间，但必须是 5 的倍数时，可以指定 step 为 5，验证功能如图 5.28 所示。

图 5.28　step 属性的表单验证

5.2.2　显式验证

在 HTML5 中，form 元素与 input 元素（包括 select 与 textarea 元素）都具有 checkValidity() 方法，调用该方法可以显式地对表单内所有元素内容或单个元素内容进行有效性验证。该方法的返回类型为 boolean。其实例如下：

```
<!DOCTYPE html>
<html>
<head>
    <meta charset="UTF-8"/>
    <title>checkValidity 实例</title>
    <script type="text/javascript">
```

```
        var check = function () {
          var emailEmnt = document.forms ['testForm'] .email;
          var emailTxt = emailEmnt.value;
          if (emailTxt == "") {
            alert (" 请输入 E-mail 地址!");
            return false;
          } else if (! email.checkValidity ()) {
            alert (" 请输入正确的 E-mail 地址!");
            return false;
          }
          return true;
        }
    </script>
  </head>
  <body>
    <form id=" testForm" name=" testForm" onsubmit=" return check ();" >
      <label for=" email" >E-mail: </label>
      <input type=" email" name=" email" />
      <button type=" submit" >提交</button>
    </form>
  </body>
</html>
```

另外，在 HTML5 中，form 元素与 input 元素还存在一个 validity 属性，该属性返回一个 ValidityState 对象，该对象具有很多属性，但最简单、最重要的属性为 valid 属性，它表示了表单内所有元素的内容是否有效或单个 input 元素的内容是否有效。

提示：到目前为止，只有 Opera 11 才支持该方法，其他浏览器暂时还不支持该方法

5.2.3 取消验证

用户有时可能想把表单临时提交一下，但又不想让它进行有效性验证。有两种方法可以取消表单验证。

第一种方法是利用 form 元素的 novalidate 属性，它可以关闭整个表单验证。当整个表单需要验证的内容较多，但又想先提交一部分内容时，可以使用该方

法。先把表单的该属性设置为 true，关闭表单验证，并提交第一部分内容，然后在将要提交第二部分内容时，再将该属性设置为 false，打开表单验证，进行第二部分内容的提交。

第二种方法是利用 input 元素或 submit 元素的 formnovalidate 属性，利用 input 元素的 formnovalidate 属性可以让表单验证对单个 input 元素失效，而如果对 submit 按钮使用该属性，点击按钮时，相当于利用了 form 元素的 novalidate 属性，整个表单验证都将关闭。利用这一点可以实现"假提交"与"真提交"的效果。

5.2.4 自定义错误信息

HTML5 中许多新的 input 元素都带有对输入内容进行有效性检查的功能，如果检查不通过，浏览器会针对该元素提供错误信息。有时开发者不想使用这些默认的错误信息提示，而想使用自定义的信息提示，或者有时想给某个文本框增加一种错误信息提示等，要实现这样的功能，可以使用 JavaScript 调用各 input 元素的 setCustomValidity（）方法来自定义错误信息。实例如下：

```html
<!DOCTYPE html>
<html>
<head>
    <meta charset="UTF-8"/>
    <title>自定义错误信息实例</title>
    <script type="text/javascript">
    var check = function () {
        var passwd1 = document.forms['testForm'].passwd1;
        var passwd2 = document.forms['testForm'].passwd2;
        if (passwd1.value != passwd2.value) {
            passwd2.setCustomValidity("密码不一致!");
            return false;
        } else {
            passwd2.setCustomValidity("");
        }
        var email = document.forms['testForm'].email1;
        if (!email1.checkValidity ()) {
            email1.setCustomValidity("请输入正确的 E-mail 地址!");
            return false;
        }
```

```
            return true;
         }
      </script>
   </head>
   <body>
      <form id=" testForm" name=" testForm" onsubmit=" return check();" >
         <label for=" pass1" >密码:</label><input type=" password" name=" passwd1" /><br/>
         <label for=" pass2" >确认密码:</label><input type=" password" name=" passwd2" /><br/>
         <label for=" email" >E-mail:</label><input type=" email" name=" email1" /><br/>
         <button type=" submit" >提交</button>
      </form>
   </body>
</html>
```

5.3 新增的页面元素

5.3.1 新增的 figure 元素

<figure>标签是 HTML 5 中的新标签,figure 元素代表一个块级图像,还可以包含图像说明。figure 元素不仅可以用来显示图片,还可以使用它给 audio、video、iframe、object 和 embed 元素添加说明。figure 元素用来表示网页上一块独立的内容,将其从网页上移除后不会对网页上的其他内容产生任何影响。

下面是 figure 元素的实例,将它用作文档中插图的图像,代码如下:

```
<!DOCTYPE HTML>
<html>
   <body>
      <p>上海卢浦大桥是当今世界第一钢结构拱桥,是世界上跨度最大的拱形桥。它也是世界上首座完全采用焊接工艺连接的大型拱桥(除合拢接口采用栓接外),现场焊接焊缝总长度达 4 万多米,接近上海市内环高架路的总长度。卢浦大桥像澳大利亚悉尼的海湾大桥一样具有旅游观光的功能。</p>
```

```
<figure>
    <p>黄浦江上的卢浦大桥</p>
    <p>拍摄者：W3School 项目组，拍摄时间：2010 年 10 月</p>
    <img src="/i/shanghai_lupu_bridge.jpg" width="350" height="234" />
</figure>
</body>
</html>
```

其运行效果如图 5.29 所示。

图 5.29　figure 元素使用实例

所有主流浏览器都支持 <figure> 标签。<figure> 标签支持 HTML 5 中的全局属性。<figure> 标签也支持 HTML 5 中的事件属性。

思考：请使用 <figcaption> 元素为 figure 添加标题（caption）。

5.3.2　data-list

这是一个专门为 text 框等新增的元素，它可以为输入框关联下拉 list，相当于 select 框的功能，不过用户可以自己输入下拉列表里没有的项目，使用起来比 select 更加灵活一点，除了可以选择列表值以外用户还可以输入自己希望的其他值。text 的 list 属性值与 datalist 的 id 要一致，这样就把两者关联了起来。

代码实例如下：

```
<article>
Data-list: </br>
```

```
<input type=" text" list=" data_list" />
<datalist id=" data_list" >
 <option value=" Apple" ></option>
 <option value=" Nokia" ></option>
 <option value=" Samsung" ></option>
</datalist>
</article>
```

5.3.3　mark 元素

mark 元素对关键字作高亮处理，突出显示，标注重点，在搜索方面可以应用。代码实例如下：

```
<article>
 Mark:
 <p>TestTest<mark>Html5-Mark</mark>TestTest</p>
</article>
```

5.3.4　progress 元素

progress 元素表示一个任务的进度状况。它有属性 max，表示任务总量，还有属性 value，表示当前完成的任务量。代码实例如下：

```
<article>
Progress: </br>
<progress max=" 100" value=" 40" ></progress>
</article>
```

5.3.5　details 元素

details 元素实现的功能就是达到一种收缩展开切换的效果，在一般情况下这都是通过 Java Script 来实现，当然在 jQuery 中也有现成的函数可以调用。details 通过标签就能实现类似的效果。details 有一个 open 属性，点击它之后展开时会自动设定该属性值为 true，收缩时该属性又被移除。

下面是一个 details 元素的使用实例：

```
<article>
```

Details:
```
<details>
  <summary>Main Menu</summary>
  <ul>
    <li>Sub Menu 1</li>
    <li>Sub Menu 2</li>
    <li>Sub Menu 3</li>
  </ul>
</details>
</article>
```

其运行效果（details 仅在 chrome 浏览器下有效，其他浏览器暂不支持）如图 5.30 所示。

图 5.30　<details>标签使用实例（一）

从上图可以看出，对于 details 元素，点击以后会展开一块内容，这块内容可以是任何元素，包括文本、图片、连接、表格等，有带指向的箭头 icon 标示状态，图中展示了一个主菜单和子菜单的关系事例。

对于 datalist 元素，正常显示的时候是个 text 框，鼠标可以点开一个下拉 list，里面有可供选择的内容，比如在图中可以选择 Nokia，当然如果用户当前想选择 htc，但是下拉列表中没有这项，这时就可以直接输入 htc 提交，这点比较灵活。mark 元素，完成高亮显示；progress 元素实现进度条显示。

如果觉得 details 元素的自带的黑色三角箭头 icon 有点丑，想自己修饰一下，这也是可以的，可以用 CSS 的样式表来设计样式。如下面的 CSS 代码：

```
details summary::-webkit-details-marker {
    background: red;
    color: #fff;
    font-size: 150%;
}
```

上面的代码把黑色小箭头修饰成了红色背景的白色图标。其运行效果如图

5.31 所示。

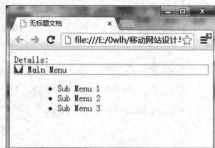

图 5.31 < details > 标签使用实例（二）

如果根本不想用自带的 icon，可以定义自己喜欢的图标样式，这也是可以做到的。

可以用 CSS 让元素自己的 icon 不显示，再用 CSS3 的 before 和 after 来拼接自定义的样式。这会用到下面三个主要的语法：

(1) 自带的图标不显示：summary：：-webkit-details-marker ｛display：none｝；

(2) 收缩状态的样式：summary：after ｛content：" ＋"；｝；

(3) 展开状态的样式：details ［open］ summary：after ｛content：" －"；｝。

当然这里只是简单地用"＋/－"符号来说明，用可以自定义图片进去。

5.3.6 改良的 ol、dl 元素

HTML 5 的 < ol > 标签可定义有序列表。

代码实例一如下：

```
< ol >
< li > Coffee < /li >
< li > Tea < /li >
< /ol >
```

代码实例二如下：

```
< ol >
< li start = " 60" > Coffee < /li >
< li > Tea < /li >
< /ol >
```

HTML5 的 < dl > 标签可定义一个定义列表（definition list）。< dl > 标签用于结合 < dt >（定义列表中的项目）和 < dd >（描述列表中的项目）。

下面是一个项目列表的实例代码，带有项目和定义的定义列表：

```
<!DOCTYPE html>
<html>
<body>

<dl>
<dt>Coffee</dt>
<dd>Black hot drink</dd>
<dt>Milk</dt>
<dd>White cold drink</dd>
</dl>

</body>
</html>
```

其运行结果如图 5.32 所示。所有主流浏览器都支持 <dl> 标签。

  Coffee
    Black hot drink
  Milk
    White cold drink

图 5.32 <ol>、<dl> 标签使用实例

5.3.7 加以严格限制的 cite 元素

<cite> 标签定义作品（比如书籍、歌曲、电影、电视节目、绘画、雕塑等）的标题。

下面使用 <cite> 标签来定义作品的标题：

```
<!DOCTYPE html>
<html>
<body>
<img src="/i/ct_fcsz.jpg" alt="富春山居图"/>
<p>
<cite>《富春山居图》</cite>由黄公望始画于至正七年 (1347)，于至正十年完成。
</p>
</body>
</html>
```

代码的运行结果如图5.33所示。

《富春山居图》由黄公望始画于至正七年(1347),于至正十年完成。

图5.33　<cite>标签使用实例

所有主流浏览器均支持<cite>标签。<cite>标签支持 HTML 5 中的全局属性。<cite>标签也支持 HTML 5 中的事件属性。

提示：人名不属于著作的标题。

5.3.8　重新定义的 small 元素

<small>标签将旁注(side comments)呈现为小型文本。免责声明、注意事项、法律限制或版权声明的特征通常都是小型文本。小型文本有时也用于新闻来源、许可要求。对于由 em 元素强调过的或由 strong 元素标记为重要的文本,small 元素不会取消对文本的强调,也不会降低这些文本的重要性。

下面用 small 元素定义列表项中的注释(小型文本):

```
<dl>
<dt>单人间</dt>
<dd>399 元<small>含早餐,不含税</small></dd>
<dt>双人间</dt>
<dd>599 元<small>含早餐,不含税</small></dd>
</dl>
```

代码的运行结果如图5.34所示。

```
单人间
    399元含早餐，不含税
双人间
    599元含早餐，不含税
```

图 5.34 <cite>标签使用实例

所有主流浏览器均支持<small>标签。<small>标签支持 HTML 5 中的全局属性。<small>标签也支持 HTML 5 中的事件属性。

5.3.9 menu 元素

<menu>标签定义菜单列表。当希望列出表单控件时使用该标签。HTML 5 重新定义了 menu 元素，且使用它来排列表单控件。

使用实例如下：

```
<menu>
<li><input type="checkbox"/>Red</li>
<li><input type="checkbox"/>blue</li>
</menu>
```

<menu>标签支持 HTML 5 中的全局属性。<menu>标签也支持 HTML 5 中的事件属性。

思考：请使用 CSS 来定义列表的类型。

5.4 小结

HTML5 表单极大地提高了开发者的工作效率，并给用户带来了一些新的体验。HTML5 提供了很多可以直接使用的功能，而以前需要大量的定制代码才能实现这些功能（如表单验证、创建滑块控件）。掌握本章中表单新增的属性，可以减少程序的开发时间，创建出更简洁、更新颖的表单，进而实现 Web 程序开发。

习 题

一、选择题

1. email 类型的文本框具有一个 multiple 属性，它的作用是（　　）。

　　A. 判断该文本框中输入的值是否为正确的邮箱地址

B. 不允许该文本框为空

C. 允许在该文本框中使用逗号隔开有效 E-mail 地址的一个列表

D. 以上都不正确

2. 下面用来输入 UTC 日期和时间的文本框是（　　）。

 A. data   B. datatime   C. time   D. datetime-local

3. 下面哪个元素可以用来表示警告信息、错误信息？（　　）

 A. s~ong   B. em   C. mark   D. 以上都可以

二、判断题

1. step 特性的默认值取决于控件的类型。对于 range 控件，step 的默认值为 5。（　　）

2. pattern 属性的主要目的是根据表单控件上设置的格式规则验证输入格式是否有效。（　　）

第 6 章
HTML5 的文件与拖放

在 HTML5 中新增了两个与表单相关的 API——文件 API 与拖放 API。拖放 API 可以实现一些有趣的功能,允许用户拖放选项并将其放置到浏览器中的任何地方。其很好地体现了 HTML5 作为 Web 应用程序规范的思路,使得开发者可以从桌面计算机中借用更多的功能。

6.1 选择文件

在 HTML5 里,从 Web 网页上访问本地文件系统变得十分简单,那就是使用文件 API。这个 file 规范里提供了一个 API 来表现 Web 应用里的文件对象。用户可以编程来选择它们,访问它们的信息。

6.1.1 通过文件对象选择文件

在 HTML4 中,file 控件内只允许放置一个文件,但是到了 HTML5 中,FileList 对象表示用户选择的文件列表,通过添加 multiple 属性,在 file 控件内允许一次放置多个文件。控件内的每一个用户选择的文件都是一个 file 对象,而 FileList 对象则为这些 file 对象的列表,代表用户所选择的所有文件。

file 对象有两个属性,name 属性表示文件名,不包括路径,lastModifiedDate 属性表示文件的最后修改日期。

实例参见"chap6.1.1.1.html",在本例中通过单击"浏览"按钮,选择要上传的文件,然后单击"上传文件"按钮,将会弹出一个对话框,这个对话框将显示上传文件的名称。本例的代码如下,其效果如图 6.1 所示。

```
<!DOCTYPE html><head>
<meta charset="UTF-8">
<title>FileList 与 file 实例</title>
</head>
<script language=javascript>
```

```javascript
function ShowName ()
{
    var file;
    //返回FileList文件列表对象
    for (var i = 0; i < document.getElementById (" file") .files.length; i ++)
        {
        //file对象为用户选择的单个文件
        file = document.getElementById (" file") .files [i];
        //弹出文件名
        alert (file.name);
        }
}
</script>
```
选择文件：
< input type = " file" id = " file" size = " 50" / >
< input type = " button" onclick = " ShowName ();" value = " 上传文件" / >

图6.1　通过文件对象选择文件

6.1.2 使用 blob 接口获取文件的类型和大小

blob 表示二进制原始数据，它提供一个 slice 方法，可以通过该方法访问字节内部的原始数据块。Blob 对象有两个属性，size 属性表示一个 blob 对象的字节长度，type 属性表示 blob 的 MIME 类型，如果是未知类型，则返回一个空字符串。

实例参见"chap6.1.1.2.html"，通过它可对 blob 对象的两个属性做一些解释。在本例中，首先通过单击"浏览"按钮选择文件，然后单击"显示文件信息"按钮，页面将显示浏览文件的文件长度和文件类型。其效果如图 6.2 所示。

```html
<!DOCTYPE html><head>
<meta charset="UTF-8">
<title>blob对象使用实例</title>
<script language=javascript>
function ShowFileType()
{
    var file;
    //得到用户选择的第一个文件
    file=document.getElementById("file").files[0];
    var size=document.getElementById("size");
    //显示文件字节长度
    size.innerHTML=file.size;
    var type=document.getElementById("type");
    //显示文件类型
    type.innerHTML=file.type;
}
</script>
选择文件:
<input type="file" id="file"/>
<input type="button" value="显示文件信息" onclick="ShowFileType();"/><br/>
文件字节长度:<span id="size"></span><br/>
文件类型:<span id="type"></span>
```

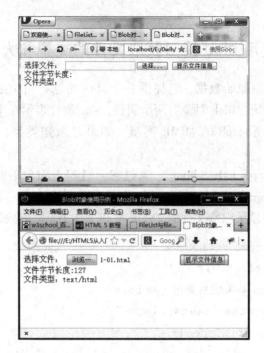

图6.2 通过 blob 接口获取文件的类型和大小

6.1.3 通过类型过滤选择文件

在上面的实例中，对于图像类型的文件，blob 对象的 type 属性都是以"image/"开头的，后面紧跟这图像的类型，利用此特性可以在 JavaScript 中判断用户选择的文件是否为图像文件，如果在批量上传时只允许上传图像文件，可以利用该属性。如果用户选择的多个文件中有不是图像的文件时，可以弹出错误提示信息，并停止后面的文件上传，或者跳过这个文件，不将该文件上传。

实例参见"chap6.1.1.3.html"，本例是对图像类型的判断。在本例中首先对上传的文件进行判断，如果上传的文件不是图像文件将弹出对话框给出提示，如果是图像文件则显示文件可以上传。

```
<!DOCTYPE html><head>
<meta charset="UTF-8">
<title>blob对象的type属性利用实例</title>
<script language=javascript>
function FileUpload()
{
    var file;
    for (var i = 0; i < document.getElementById("file")
```

```
       .files.length;i++)
            {
              file=document.getElementById("file").files[i];
              if(!/image'/w+/.test(file.type))
               {
                alert(file.name+"不是图像文件!");
                break;
               }
              else
               {

                alert(file.name+"文件可以上传");
               }
            }
        }
    </script>
    选择文件:
    <input type="file" id="file" multiple/>
    <input type="button" value="文件上传" onclick="FileUpload();"/>
```

其运行结果如图6.3所示。

图6.3 通过blob对象的type属性对上传文件的类型进行判断

6.2 FileReader 接口读取文件

FileReader 接口把文件读入内存,并且读取文件中的数据。FileReader 接口提供了一个异步 API,使用该 API 可以在浏览器主线程中异步访问文件系统,读取文件中的数据。

6.2.1 通过类型过滤选择文件

有一种方法可以检查浏览器是否对 FileReader 接口提供支持,代码如下:

```
if ( typeof FileReader = = = 'undefined')
{
        alert ( " 您的浏览器未实现 FileReader 接口 ");
}
else
{
        var  reader = new FileReader ();              // 正常使用浏览器
}
```

6.2.2 FileReader 接口的方法

FileReader 的接口有 4 个方法,其中 3 个用来读取文件,另一个用来中断读取。表 6.1 列出了这些方法以及它们的参数和功能。需要注意的是,无论读取成功或失败,方法并不会返回读取结果,这一结果存储在 result 属性中。

表 6.1 FileReader 接口的方法

方法名	参数	描述
abort	(none)	中断读取
readAsBinaryString	file	将文件读取为二进制码
readAsDataURL	file	将文件读取为 DataURL
readAsText	file,[encoding]	将文件读取为文本

其中:

(1) readAsBinaryString:该方法将文件读取为二进制字符串,通常将它传送到后端,后端可以提供这段字符串的存储文件。

（2）readAsDataURL：该方法将文件读取为一段以 data 开头的字符串，这段字符串就是 dataURL，即一种将小文件直接嵌入文档的方案。这里的小文件通常是图像与 html 等格式的文件。

（3）readAsText：该方法有两个参数，其中第二个参数是文本的编码方式，读取的结果即是这个文本文件中的内容。

6.2.3 readAsDataURL 方法

现使用 FileReader 接口的 readAsDataURL 方法实现图片的预览。

实例的完整源代码参见"chap6.2.3.1.html"，本例通过单击"浏览"按钮选择要预览的图片，然后单击"读取图像"按钮，预览的图片将在页面中显示。

本例实现的具体步骤如下：

（1）首先创建 html 部分，包括一个 input 和一个用来呈现结果的 div，代码如下：

```
<p>
    <label>请选择一个文件：</label>
    <input type = " file" id = " file" />
    <input type = " button" value = " 读取图像" onclick = " readFile()" />
</p>
<div name = " result" id = " result" >
    <!-- 这里用来显示读取结果 -->
</div>
```

（2）其次，检查浏览器是否支持 FileReader 接口，对于不支持 FileReader 接口的浏览器要给出一个提示，代码如下：

```
if (typeof FileReader == 'undefined')
{
result.innerHTML = " <p>抱歉，你的浏览器不支持 FileReader</p>";
file.setAttribute ('disabled', 'disabled');
}
```

（3）最后书写 FileReader 代码，当 file input 的 onclick 事件被触发，就调用这个函数，获取 file 对象，通过 file 的 type 属性来检验文件类型，这里只允许选择图像类型的文件。然后创建一个 FileReader 实例，调用 readAsDataURL 方法读取文件，在文件的 onload 事件中，获取成功读取到的文件内容，并以插入一个 img 节点的方式，显示在页面中，代码如下：

```
function readFile ()
```

```
    {
        //检查是否为图像文件
        var file = document.getElementById ("file") .files [0];
        if (! /image'w+/.test (file.type))
        {
          alert ("请确保文件为图像类型");
          return false;
        }
        var reader = new FileReader ();
        //将文件以 Data URL 形式进行读入页面
        reader.readAsDataURL (file);
        reader.onload = function (e)
        {
          var result = document.getElementById ("result");
          //在页面上显示文件
          result.innerHTML = ' < img src = " ' + this.result + ' " alt = "" / > '
        }
    }
```

程序的运行效果如图 6.4 所示。

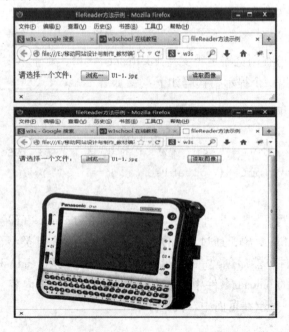

图 6.4 使用 readAsDataURL 方法预览图片

6.2.4 readAsText 方法

FileReader 接口的 readAsText 方法用来读取文本文件、实现文本文件的预览。

下面的实例用 readAsText 读取文本文件（完整代码参见 "chap6.2.4.1.html"）。本例通过单击"浏览"按钮，选择要浏览的文本文件，然后单击"读取文本文件"按钮，文本文件的内容将在页面中显示。

本实例实现的步骤如下：

（1）创建 html，包括 2 个 input 元素和一个 div 元素，代码如下：

```
<p>
  <label>请选择一个文件：</label>
  <input type="file" id="file" size="40" />
  <input type="button" value="读取文本文件" onclick="readAsText()" />
</p>
<div name="result" id="result">
    <!-- 这里用来显示读取结果 -->
</div>
```

（2）其次，检查浏览器是否支持 FileReader 接口，对于不支持 FileReader 接口的浏览器要给出一个提示，代码如下：

```
if (typeof FileReader == 'undefined')
{
  result.innerHTML = "<p>抱歉，你的浏览器不支持 FileReader</p>";
  file.setAttribute('disabled', 'disabled');
}
```

（3）最后书写函数 readAsText 的代码，当 file input 的 onclik 事件被触发，即调用这个函数，首先获取 file 对象，然后创建 FileReader 实例，调用 readAsText 方法读取文件，在实例的 onload 事件中，获取读取的内容，显示在页面中，代码如下：

```
function readAsText()
{
var file = document.getElementById("file").files[0];
var reader = new FileReader();
//将文件以文本形式进行读入页面
```

```
reader.readAsText (file);
reader.onload = function (f)
{
var result=document.getElementById (" result");
//在页面上显示读入文本
result.innerHTML=this.result;
}
}
```

其运行结果如图6.5所示。

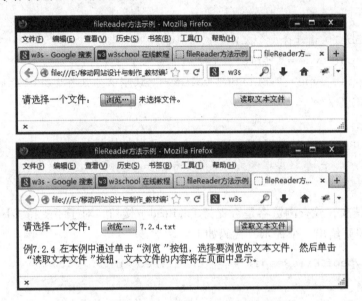

图 6.5 使用 readAsText 方法预览文本文件

6.2.5 FileReader 接口中的事件

FileReader 接口中包含了一套完整的事件模型,用于捕获读取文件时的状态,表6.2归纳了这些事件。

表 6.2 FileReader 接口中的事件

事件	描述
onabor	中断时触发
onerror	出错时触发

续表

事件	描述
onload	文件读取成功完成时触发
onloadend	读取完成时触发，无论成功或失败
onloadstart	读取开始时触发
onprogress	读取中

当 FileReader 对象读取文件时，会伴随一系列事件，它们表示读取文件时不同的读取状态，详情见下面的例子。

实例的完整代码参见"chap6.2.5.1.html"，本例通过上传一个图片，来演示事件读取状态的先后顺序，代码如下：

```
<!DOCTYPE html><head>
<meta charset="UTF-8">
<title>fileReader对象的事件先后顺序</title>
</head>
<script language=javascript>
var result=document.getElementById("result");
var input=document.getElementById("input");
if(typeof FileReader=='undefined')
{
    result.innerHTML = "<p class='warn'>抱歉，你的浏览器不支持 FileReader</p>";
    input.setAttribute('disabled','disabled');
}
function readFile()
{
    var file = document.getElementById("file").files[0];
    var reader = new FileReader();
    reader.onload = function(e)
    {
        result.innerHTML = '<img src="' +this.result+ '" alt="" />'
        alert("load");
    }
    reader.onprogress = function(e)
    {
```

```
    alert (" progress");
   }
   reader.onabort = function (e)
   {
    alert (" abort");
   }
   reader.onerror = function (e)
   {
    alert (" error");
   }
   reader.onloadstart = function (e)
   {
    alert (" loadstart");
   }
   reader.onloadend = function (e)
   {
    alert (" loadend");
   }
   reader.readAsDataURL (file);
 }
</script>

<p>
<label>请选择一个图像文件：</label>
<input type=" file" id=" file" />
<input type=" button" value=" 显示图像" onclick=" readFile ()" />
</p>
<div name=" result" id=" result" >
<!-- 这里用来显示读取结果 -->
</div>
```

运行结果及读取状态的先后顺序如图 6.6 所示。

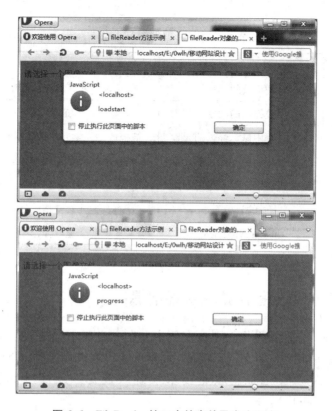

图 6.6　FileReader 接口中的事件及发生顺序

6.3　拖放 API

HTML5 提供了直接支持拖放操作的 API。虽然之前已经可以使用 mousedown、mousemove、mouseup 来实现拖放操作，但是它只支持在浏览器内部的拖放，而 HTML5，已经支持在浏览器与其他应用程序之间的数据的互相拖动，同时也大大简化了有关于拖放方面的代码。

6.3.1　实现拖放的步骤

在 HTML5 中要想实现拖放操作，至少要经过如下两个步骤：

（1）将想要拖放的对象元素的 draggable 属性设为 true（draggable = " true"），这样才能对该元素进行拖放。注意，img 元素与 a 元素（必须指定 href）默认允许拖放。

（2）编写与拖放有关的事件处理代码。关于拖放存在的事件见表 6.3。

表 6.3　关于拖放存在的事件

事件	产生事件的元素	描述
dragstart	被拖放的元素	开始拖放操作
drag	被拖放的元素	拖放过程中
dragenter	拖放过程中鼠标经过的元素	被拖放的元素开始进入本元素的范围内
dragover	拖放过程中鼠标经过的元素	被拖放的元素正在本元素范围内移动
dragleave	拖放过程中鼠标经过的元素	被拖放的元素离开本元素的范围
drop	拖放的目标元素	有其他元素被拖放到了本元素中
dragend	拖放的对象元素	拖放操作结束

6.3.2　通过拖放显示欢迎信息

本例实现一个拖放操作。在该实例中，有一个显示"拖放"文字的 div 元素，可以把它拖放到位于它下部的 div 元素中，每次被拖放时，下部的 div 元素中会追加一次"浙江商业职业技术学院欢迎你"文字（完整代码参见"chap6.3.2.1.html"）。

实现操作的具体步骤如下：

（1）将想要拖放的对象元素的 draggable 属性设为 true，同时在 \<body\> 标签中增加 onload＝"inti()"事件。另外，为了让这个实例在支持拖放 API 的浏览器中都能正确运行，需要指定"﹣webkit﹣user﹣drag：element"这种 webkit 特有的 css 属性。代码如下：

```
<body onload=" init () ">
<h1>拖放欢迎语</h1>
<!-- 把 draggable 属性设为 true -->
<div id=" dragme" draggable=" true" style=" width: 200px; border: 1px solid gray;" >
请拖放
</div>
<br>
<div id=" text" style=" width: 200px; height: 200px; border: 1px solid gray;" ></div>
</body>
```

（2）在 init () 函数中获取 div 的 id 值：

```
var source = document.getElementById (" dragme");
var dest = document.getElementById (" text");
```

（3）Dragstart 事件开始实现拖动，把要拖动的数据存入 data transfer 对象。Data transfer 对象专门用来存放拖动时要携带的数据。它可以被设置为拖动事件对象的 dataTransfer 属性。最后通过 setData（）方法实现拖放，该方法的第一个参数为携带数据的各类字符串，第二个参数为要携带的数据。第一个参数只能填入类似"text/plain"或者" text/html"表示的 MIME 类型的文字。代码如下：

```
source.addEventListener (" dragstart", function (ev)
    {
    // 向 dataTransfer 对象追加数据
    var dt = ev.dataTransfer;
    dt.effectAllowed = 'all';
    //拖动元素为 dt. setData (" text/plain", this.id);
    dt.setData (" text/plain"," 浙江商业职业技术学院欢迎你");
}, false);
```

（4）针对拖放的目标元素，必须在 dragend 或 dragover 事件内调用 event. preventDefault（）方法。因为在默认情况下，拖放的目标元素是不接受元素的，为了把元素拖放到其中，必须把默认处理关掉。代码如下：

```
dest.addEventListener (" dragend", function (ev)
    {
    //不执行默认处理（拒绝被拖放）
    ev.preventDefault ();
}, false);
//  drop: 被拖放
```

（5）要实现拖放处理，还必须在目标元素的 drop 事件中进行默认处理（拒绝被拖动），否则目标元素不接受被拖放的元素。目标元素接受被拖动的元素后，执行 getData（）方法，从 datatransfer 那里获得数据。getData（）的参数为 setData（）方法中指定的数据类，在本例中为"text/plain"（文本文字）。代码如下：

```
dest.addEventListener (" drop", function (ev)
    {
    //从 DataTransfer 对象那里取得数据
    var dt = ev.dataTransfer;
    var text = dt.getData (" text/plain");
```

```
            dest.textContent + = text;
            //不执行默认处理（拒绝被拖放）
            ev.preventDefault ();
            //停止事件传播
            ev.stopPropagation ();
        }, false);
```

（6）设置整个页面为不执行默认处理（拒绝被拖放），否则拖放处理也不能实现。因为页面是先于其他元素接受拖放的，如果页面拒绝拖放，则页面上的其他元素就不能接受拖放了。代码如下：

```
//设置页面属性，不执行默认处理（拒绝被拖放）
document.ondragover = function (e) {e.preventDefault ();};
document.ondrop = function (e) {e.preventDefault ();};
```

说明：支持拖放的 MIME 类型有："text/plain""text/html""text/xml"和"text/uri-list"。

本例的运行结果如图 6.7 所示。

图 6.7　拖放文字实例

6.4　dataTransfer 对象

dataTransfer 对象的 effectAllowed 属性和 dropEffect 属性结合起来可以设定拖放时的视觉效果。利用 dataTransfer 对象，不光能够传输数据，还能确定被拖动的元素以及被作为放置目标的元素能够接受什么操作。为此，需要访问 dataTransfer 对象的两个属性：dropEffect 和 effectAllowed。

6.4.1　dropEffect 属性

通过 dropEffect 属性可以知道被拖动的元素能够执行哪种放置行为。这个属性有下列 4 个可能的值：

（1）none：不能把拖动的元素放在这里。这是除文本框之外所有元素的默认值。

（2）move：应该把拖动的元素移动到放置目标。

（3）copy：应该把拖动的元素复制到放置目标。

（4）link：表示放置目标会打开拖动的元素（但拖动的元素必须是一个链接，有 URL）。

在把元素拖动到放置目标上时，以上每一个值都会导致光标显示为不同的符号。然而，要怎样实现光标所指示的动作完全取决于用户。换句话说，如果用户不介入，没有什么会自动地移动、复制，也不会打开链接。总之，浏览器只能改变光标的样式，而其他的都要用户来实现。要使用 dropEfect 属性，必须在 ondraggenter 事件处理程序中针对放置目标来设置它。

6.4.2　effectAllowed 属性

dropEffect 属性只有搭配 effectAllowed 属性才有用。effectAllowed 属性表示允许拖放元素的哪种 dropEffect，effectAllowed 属性可能的值如下：

（1）uninitialized：没有该被拖动元素放置行为。

（2）none：被拖动的元素不能有任何行为。

（3）copy：只允许值为"copy"的 dropEffect。

（4）link：只允许值为"link"的 dropEffect。

（5）move：只允许值为"move"的 dropEffect。

（6）copyLink：允许值为"copy"和"link"的 dropEffect。

（7）copyMove：允许值为"copy"和"link"的 dropEffect。

（8）linkMove：允许值为"link"和"move"的 dropEffect。

（9）all：允许任意 dropEffect。

必须在 ondraggstart 事件处理程序中设置 effectAllowed 属性。

假设想允许用户把文本框中的文本拖放到一个 <div> 元素中。首先，必须将 dropEffect 和 effectAllowed 设置为"move"。但是，由于 <div> 元素的放置事件的默认行为是什么也不做，所以文本不可能自动移动。重写这个默认行为，就能从文本框中移走文本,然后就可以自己编写代码将文本插入<div>中,这样整个拖放操作就完成了。如果将 dropEffect 和 effectAllowed 的值设置为"copy",那就不会自动移走文本框中的文本。

下面是一个综合实例的完整代码和运行结果,本实例的功能是拖放链接对象到指定区域并打开链接,源代码参见"chap6.4.2.1.html"。

```html
<!DOCTYPE html>
<head>
<meta charset="UTF-8">
<title>拖放实例</title>
<a href="http://www.w3cmm.com">拖动到红色区块打开链接</a>
<div style="width: 100px; height: 100px; float: right; background: red"
    id="droptarget"></div>
<div id="output"></div>
<script type="text/javascript">
    var EventUtil = {
        addHandler: function (element, type, handler) {
            if (element.addEventListener) {
                element.addEventListener(type, handler, false);
            } else if (element.attachEvent) {
                element.attachEvent("on" + type, handler);
            } else {
                element["on" + type] = handler;
            }
        },
        preventDefault: function (event) {
            if (event.preventDefault) {
                event.preventDefault();
            } else {
                event.returnValue = false;
            }
        },
    };
    var droptarget = document.getElementById("droptarget");
    var link = document.links[0];
    function handleEvent (event) {
```

```
        document.getElementById ( " output") .innerHTML + = e-
vent.type + " <br>";
        switch (event.type) {
        case " dragstart":
        case " draggesture":
          event.dataTransfer.dropEffect = " link";
          break;
        case " dropenter":
        case " dragover":
          EventUtil.preventDefault (event);
          event.dataTransfer.effectAllowed = " all";
          break;
        case " drop":
        case " dragdrop":
          droptarget.innerHTML = event.dataTransfer.getData (" url")
| | event.dataTransfer.getData (" text/uri-list");
        }
      }
      EventUtil.addHandler (droptarget, " dragenter", handleEvent);
      EventUtil.addHandler (droptarget, " dragover", handleEvent);
      EventUtil.addHandler (droptarget, " dragleave", handleEvent);
      EventUtil.addHandler (droptarget, " drop", handleEvent);
      EventUtil.addHandler (link, " dragstart", handleEvent);
    </script>可拖动
  </body>
```

其运行结果如图 6.8 所示。

在默认情况下，图像、链接和文本是可以拖动的，也就是说，不用额外编写代码，用户就可以拖动它们。文本只有在被选中的情况下才能被拖动，而图像和链接在任何时候都可以拖动。

让其他元素可以被拖动也是可能的。HTML5 为所有 HTML 元素规定了一个 draggable 属性，表示元素是否可以被拖动。图像和链接的 draggable 属性自动被设置成了 true，而其他元素这个属性的默认值都是 false。要想让其他元素可被拖动，或者让图像或链接不能被拖动，都可以设置这个属性。例如：

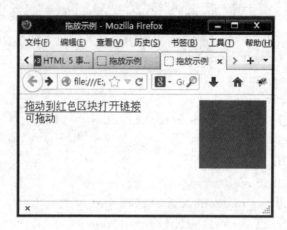

图 6.8 拖放文字对象实例

```
<!-- 让这个图像不可以拖动 -->
<img src = " smile.gif" draggable = " false" alt + " Smiley face" >
<!-- 让这个元素可以拖动 -->
<div draggable = " true" >...</div>
```

支持 draggable 属性的浏览器有 IE10 + 、Firefox 4 + 、Safari 5 + 和 Chrome。Opera 11.5 以及之前的版本都不支持 HTML5 的拖放功能。另外，为了让 Firefox 支持可拖动属性，还必须添加一个 ondragstart 事件处理程序，并在 dataTransfer 对象中保存一些信息。

6.4.3 dataTransfer 的其他成员

HTML5 规范规定 dataTransfer 对象还应该包含下列方法和属性：

（1）addElement（element）：为拖动操作添加一个元素。添加这个元素只影响数据（即增加作为拖动源而影响回调的对象），不会影响拖动操作时页面元素的外观。在写作文本时，只有 Firefox 3.5 + 实现了这个方法。

（2）clearData（format）：清除以特定格式保存的数据。实现这个方法的浏览器有 IE、Firefox 3.5、Chrome 和 Safari 4 + 。

（3）setDragImage（element，x，y）：指定一幅图像，当拖动发生时，其显示在光标下方。这个方法接受的三个参数分别是要显示的 HTML 元素和光标在图像中的 x、y 坐标。其中，HTML 元素可以是一幅图像，也可以是其他元素。是图像则显示图像，是其他元素则显示渲染后的元素。实现这个方法的浏览器有 Firefox 3.5 + 、Safari 4 + 和 Chorme。

（4）types：当前保存的数据类型。这是一个类似数组的集合，以"text"这样的字符串的形式保存着数据类型。实现这个属性的浏览器有 IE10 + 、Firefox

3. 5 + 和 Chrome。

6.5 小结

本章主要介绍了文件 API 和拖放 API。在文件 API 中主要介绍了 FileList 对象与 file 对象、blob 对象以及 FileReader 接口。通过这些文件的对象和接口，可以实现文件的上传与文件的预览等操作。另外本章还介绍了实现拖放的步骤和如何为拖放定制拖放图标，以及 dataTransfcr 对象的属性与方法。希望读者能够很好地理解和掌握文件 API 和拖放 API，因为通过使用文件 API 和拖放 API，从 Web 页面上访问本地文件系统的相关处理将会变得十分简单。

习 题

一、选择题

1. slice 方法是由下面哪种对象提供的？（   ）
   A. FileList 对象   B. blob   C. file 对象   D. 以上都提供
2. FileReader 接口的主要作用是（   ）。
   A. 添加一个图像
   B. 表示用户选择的文件列表
   C. 把文件读入内存，并且读取文件中的数据
   D. 以上皆可
3. （   ）将文件读取为二进制字符串。
   A. readAsDataURL   B. readAsBinaryString
   C. readAsText   D. 以上皆可

二、判断题

1. onloadend 在文件读取成功完成时触发。（   ）
2. 如果 effectAllowed 属性被设定为 none，则不允许拖放要拖放的元素。（   ）

三、填空题

file 对象有两个属性：_____ 属性表示文件名，不包括路径；_____ 属性表示文件的最后修改日期。

第 7 章

多媒体播放

网页上除了文字外，还需要视频、音频和动画等多媒体的辅助展示。HTML5 提供了音频、视频的标准接口，提供相关技术支持播放音频、视频和动画等多媒体文件不需要再安装其他插件，只要使用支持 HTML5 的浏览器就可以了。

7.1 HTML5 多媒体概述

7.1.1 HTML4 中的多媒体

在 HTML5 之前，在网页中加入视频时必须使用 object 和 embed 元素，而且还要为这两个元素添加许多属性和参数，例如下面代码：

```
<!DOCTYPE html>
<html>
<body>
<video width="320" height="240" controls="controls" autoplay="autoplay">
  <source src="/i/movie.ogg" type="video/ogg" />
  <source src="/i/movie.mp4" type="video/mp4" />
  <source src="/i/movie.webm" type="video/webm" />
  <object data="/i/movie.mp4" width="320" height="240">
    <embed width="320" height="240" src="/i/movie.swf" />
  </object>
</video>
</body>
</html>
```

其运行结果如图 7.1 所示。

图 7.1 在 HTML4 中播放视频

从上面的代码可看出，HTML4 有如下缺点：

（1）代码冗长、笨拙。

（2）需要使用第三方插件如 flash。如果浏览器没有安装相应插件，则不能播放视频，网页上会出现一片空白。

7.1.2 HTML5 中的多媒体

HTML5 新增了两个多媒体元素——video 元素和 audio 元素。video 元素用来播放网络上的视频或电影，audio 元素用来播放网络上的音频文件。使用这两个元素后，不再需要其他插件，只要使用支持 HTML5 的浏览器就可以了。目前浏览器对 video 元素和 audio 元素的支持情况见表 7.1。

表 7.1 目前浏览器对 video 元素和 audio 元素的支持情况

浏览器	支持情况
Chrome	3.0 及以上版本
Firefox	3.5 及以上版本
Opera	10.5 及以上版本
Safari	3.2 及以上版本

这两个元素的使用方法都很简单，首先以 audio 元素为例，只要把音频的 URL 指定为该元素的 src 属性就可以了。具体如下：

```
< audio src = " someaudio.wav " >
```

您的浏览器不支持 audio 标签。
</audio>

video 元素的使用也很简单，只要设定好元素的长、宽等属性，把播放视频的 URL 地址指定给该元素的 src 属性就可以了。具体如下：

```
<!DOCTYPE HTML>
<html>
<body>
<video src="/i/movie.ogg" controls="controls">
your browser does not support the video tag
</video>
</body>
</html>
```

另外还可以通过使用 source 元素来为某一个媒体数据指定播放格式和编码方式，确保浏览器可以从中选择一种自己支持的播放格式进行播放。浏览器的选择顺序依照代码的书写顺序，它会从上往下判断自己是否支持该播放格式，直到找到自己支持的播放格式为止，如下面的代码：

```
<audio controls>
   <source src="horse.ogg" type="audio/ogg">
   <source src="horse.mp3" type="audio/mpeg">
Your browser does not support the audio element.
</audio>
```

如果浏览器支持 ogg 格式，就播放 horse.ogg，如果浏览器不支持 ogg 格式，就会继续往下找播放文件，如果浏览器支持 mp3，则播放第二个源文件，如果浏览器既不支持 ogg 格式，也不支持 mp3 格式，又没有别的文件可找了，就显示"Your browser does not support the audio element."信息。

source 元素的几个属性见表 7.2。

表 7.2　　　　　　　　　　　source 元素的几个属性

属性	值	描述
media	media query	定义媒介资源的类型，供浏览器决定是否下载
src	url	媒介的 URL
type	numeric value	定义播放器在音频流中的什么位置开始播放；默认音频从开头播放

7.2 多媒体元素的基本属性

video 元素与 audio 元素所具有的属性大致相同，下面介绍各 video 元素和 audio元素的属性。

1. src 属性和 autoplay 属性

src 属性用于指定媒体数据的 URL 地址。autoplay 属性用于指定媒体是否在页面加载后自动播放。其使用方法如下：

```
< video src = " sample.mov" autoplay = " autoplay" > </video >
```

2. perload 属性

该属性用于指定视频或音频数据是否预加载。如果使用预加载，则浏览器会预先对视频或音频数据进行缓冲，这样可以加快播放速度，因为播放时数据已经预先缓冲完毕。该属性有3个可选值，分别是 none、metadata 和 auto，其默认值为 auto。

（1）none 值表示不进行预加载；

（2）metadata 表示只预加载媒体的元数据（媒体字节数、第一帧、播放列表、持续时间等）。

（3）auto 表示预加载全部视频或音频。

perload 属性的使用方法如下：

```
< video src = " sample.mov" preload = " auto" > </video >
```

3. poster（video 元素的独有属性）和 loop 属性

对于 poster，当视频不可用时，可以使用该元素向用户展示一幅替代用的图片。当视频不可用时，最好使用 poster 属性，以免展示视频的区域中出现一片空白。该属性的使用方法如下：

```
< video src = " sample.mov" poster = " cannotuse.jpg" > </video >
```

loop 属性用于指定是否循环播放视频或音频，其使用方法如下：

```
< video src = " sample.mov" autoplay = " autoplay" loop = " loop" > </video >
```

4. controls 属性

它指定是否为视频或音频添加浏览器自带的播放用的控制条。控制条具有播放、暂停等按钮（图7.2）。其使用方法如下：

```
< video src = " sample.mov" controls = " controls" > </video >
```

图 7.2　Firefox3.5 浏览器播放 HTML5 视频时的控制条

width 属性与 height 属性用于指定视频的宽度与高度（以像素为单位），使用方法如下：

<video src=" sample.mov" width=" 500" height=" 500" ></video>

5. error 属性

在读取、使用媒体数据的过程中，在正常情况下，该属性为 null，但是任何时候只要出现错误，该属性将返回一个 MediaError 对象，该对象的 code 属性返回对应的错误状态码，其可能的值包括：

（1）MEDIA_ ERR_ ABORTED（数值1）：媒体数据的下载过程由于用户的操作原因而被终止。

（2）MEDIA_ ERR_ NETWORK（数值2）：确认媒体资源可用，但是在下载时出现网络错误，媒体数据的下载过程被终止。

（3）MEDIA_ ERR_ DECODE（数值3）：确认媒体资源可用，但是解码时发生错误。

（4）MEDIA_ ERR_ SRC_ NOT_ SUPPORTED（数值4）：媒体资源不可用，媒体格式不被支持。

注意：error 属性为只读属性。

6. networkState 属性

该属性在媒体数据的加载过程中读取当前网络的状态，其值包括：

（1）NETWORK_ EMPTY（数值0）：元素处于初始状态。

（2）NETWORK_ IDLE（数值1）：浏览器已选择好用什么编码格式来播放媒体，但尚未建立网络连接。

（3）NETWORK_ LOADING（数值2）：媒体数据加载中。

（4）NETWORK_ NO_ SOURCE（数值3）：没有支持的编码格式，不执行加载。

注意：networkState 属性为只读属性

7. currentSrc 属性、buffered 属性

可以用 currentSrc 属性来读取播放中的媒体数据的 URL 地址，该属性为只读属性。buffered 属性返回一个实现 TimeRanges 接口的对象，以确认浏览器是否已缓存媒体数据。

TimeRanges 对象的作用：TimeRanges 对象表示一个时间范围，在大多数情况

下，该对象表示的时间范围是一个单一的以"0"开始的范围，但是如果浏览器发出 Range Rquest 请求，这时 TimeRanges 对象表示的时间范围是多个时间范围。

TimeRanges 对象的属性：该对象具有一个 length 属性，表示有多少个时间范围，多数情况下存在时间范围时，该值为"1"；不存在时间范围时，该值为"0"。TimeRanges 对象有两个方法：start（index）和 end（index），多数情况下将 index 设置为"0"就可以了。当用 element.buffered 语句来实现 TimeRanges 接口时，start（0）表示当前缓存区内从媒体数据的什么时间开始进行缓存，end（0）表示当前缓存区内的结束时间。

注意：buffered 属性为只读属性。

8. readyState 属性

该属性返回媒体当前播放位置的就绪状态，其值包括：

（1）HAVE_ NOTHING（数值0）：没有获取到媒体的任何信息，当前播放位置没有可播放数据。

（2）HAVE_ METADATA（数值1）：已经获取到了足够的媒体数据，但是当前播放位置没有有效的媒体数据（也就是说，获取到的媒体数据无效，不能播放）。

（3）HAVE_ CURRENT_ DATA（数值2）：当前播放位置已经有数据可以播放，但没有获取到可以让播放器前进的数据。当媒体为视频时，其意思是当前帧的数据已获得，但还没有获取到下一帧的数据，或者当前帧已经是播放的最后一帧。

（4）HAVE_ FUTURE_ DATA（数值3）：当前播放位置已经有数据可以播放，而且也获取到了可以让播放器前进的数据。当媒体为视频时，意思是当前帧的数据已获取，而且也获取到了下一帧的数据，当前帧是播放的最后一帧。readyState 属性不可能为 HAVE_ FUTURE_ DATA。

（5）HAVE_ ENOUGH_ DATA（数值4）：当前播放位置已经有数据可以播放，同时也获取到了可以让播放器前进的数据，而且浏览器确认媒体数据以某一种速度进行加载，可以保证有足够的后续数据进行播放。

注意：readyState 属性为只读属性。

9. seeking 属性和 seekable 属性

seeking 属性返回一个布尔值，表示浏览器是否正在请求某一特定播放位置的数据，true 表示浏览器正在请求数据，false 表示浏览器已停止请求。seekable 属性返回一个 TimeRanges 对象，该对象表示请求到的数据的时间范围。当媒体为视频时，开始时间为请求到视频数据第一帧的时间，结束时间为请求到视频数据最后一帧的时间。

注意：这两个属性均为只读属性。

10. currentTime 属性、startTime 属性和 duration 属性

currentTime 属性用于读取媒体的当前播放位置，也可以通过修改 currentTime 属性来修改当前播放位置。如果修改的位置上没有可用的媒体数据时，将抛出 INVALID_ STATE_ ERR 异常；如果修改的位置超出了浏览器在一次请求中可以请求的数据范围，将抛出 INDEX_ SIZE_ ERR 异常。

startTime 属性用来读取媒体播放的开始时间，通常为"0"。duration 属性用来读取媒体文件总的播放时间。

11. played 属性、paused 属性和 ended 属性

played 属性返回一个 TimeRanges 对象，从该对象中可以读取媒体文件的已播放部分的时间段。开始时间为已播放部分的开始时间，结束时间为已播放部分的结束时间。

paused 属性返回一个布尔值，表示是否暂停播放，true 表示媒体暂停播放，false 表示媒体正在播放。ended 属性返回一个布尔值，表示是否播放完毕，true 表示媒体播放完毕，false 表示还没有播放完毕。

注意：三者均为只读属性。

12. defaultPlaybackRate 属性和 playbackRate 属性

defaultPlaybackRate 属性用来读取或修改媒体默认的播放速率。playbackRate 属性用于读取或修改媒体当前的播放速率。

13. volume 属性和 muted 属性

volume 属性用于读取或修改媒体的播放音量，范围为"0"到"1"，"0"为静音，"1"为最大音量。

muted 属性用于读取或修改媒体的静音状态，该值为布尔值，true 表示处于静音状态，false 表示处于非静音状态。

7.3 多媒体元素的常用方法

7.3.1 媒体播放时的方法

（1）使用 media. play（）播放视频，并会将 media. paused 的值强行设为 false。

（2）使用 media. pause（）暂停视频，并会将 media. paused 的值强行设为 ture。

（3）使用 media. load（）重新载入视频，并会将 media. playbackRate 的值强行设为 media. defaultPlaybackRate 的值，且强行将 media. error 的值设为 null。

下面来看一个媒体播放的实例。

用 HTML5 播放 ogv 视频格式文件，源码参见"chap7.3.1.1.html"。本例通过 video 元素加载一段视频文件，为了展示视频播放时所应用的方法，在控制视频播放时，并没有应用浏览器自带的控制条来控制视频的播放，而是通过添加"播放"与"暂停"按钮来控制视频文件的播放与暂停。代码如下：

```
<!DOCTYPE html>
<html>
<head>
<meta charset="UTF-8"></meta>
<title>媒体播放实例</title>
<script>
var video;
function init()
{
   video=document.getElementById("video1");
   //监听视频播放结束事件
   video.addEventListener("ended", function()
   {
    alert("播放结束。");
   }, true);
}
function play()
{
   //播放视频
   video.play();
}
function pause()
{
   //暂停播放
   video.pause();
}
</script>
</head>
<body onload="init()">
   <!--可以添加 controls 属性来显示浏览器自带的播放用的控制条。-->
   <video id="video1"  src="3.ogv" >
```

```
                </video><br/>
                <button onclick=" play ()" >播放</button>
                <button onclick=" pause ()" >暂停</button>
</body>
</html>
```

其运行结果如图 7.3 所示。

图 7.3　用 Firefox3.5 浏览器播放 ogv 视频文件

7.3.2　canPlayType（type）方法

使用 canPlayType（type）方法可测试浏览器是否支持指定的媒介类型，该方法的定义如下：

```
var support=videoElement.canPlayType (type);
```

语法解释：videoElement 表示页面上的 video 元素或 audio 元素。

参数说明：type 参数，指定方法与 source 元素的 type 参数的指定方法相同，都用播放文件的 mime 类型来指定，可以在指定的字符串中加上表示媒体编码格式的 codes 参数。该方法返回 3 个可能值（均为浏览器判断的结果）：

(1) 空字符串：浏览器不支持此种媒体类型；
(2) maybe：浏览器可能支持此种媒体类型；
(3) probably：浏览器确定支持此种媒体类型。

7.4　多媒体元素的重要事件

7.4.1　事件处理方式

在利用 video 元素或 audio 元素读取或播放媒体数据的时候，会触发一系列事件，如果用 JavaScript 脚本来捕捉这些事件，就可以对这些事件进行处理了。对这些事件的捕捉及其处理，可以按下列两种方式来进行。

一种是监听的方式：用 addEventListener（"事件名"，处理函数，处理方式）方法来对事件的发生进行监听，该方法的定义如下：

videoElement.addEventListener (type, listener, useCapture);

语法说明：videoElement 表示页面上的 video 元素或 audio 元素。type 为事件名称，listener 表示绑定的函数，useCapture 是一个布尔值，表示该事件的响应顺序，该值如果为 true，则浏览器采用 capture 响应方式，如果为 false，浏览器采用 bubbing 响应方式，一般采用 false，默认情况下也为 false。

另一种是直接赋值的方式。事件处理方式为 JavaScript 脚本中常见的获取事件句柄的方式。代码如下：

```
<video id = "video1" src = "soft1.mov" onplay = "begin_ playing ()" ></video>
function begin_ playing () {
    ...
}
```

7.4.2　事件介绍

现在介绍一下浏览器在请求媒体数据、下载媒体数据、播放媒体数据一直到播放结束这一系列过程中所触发的事件。

（1）loadstart 事件：浏览器开始请求媒介。

（2）progress 事件：浏览器正在获取媒介。

（3）suspend 事件：浏览器非主动获取媒介数据，但没有加载完整个媒介资源。

（4）abort 事件：浏览器在完全加载前中止获取媒介数据，但这并不是由错误引起的。

（5）error 事件：获取媒介数据出错。

（6）emptied 事件：媒介元素的网络状态突然变为未初始化。其原因有两个：①载入媒体过程中突然发生一个致命错误；②在浏览器正在选择支持的播放格式时，又调用了 load 方法重新载入媒体。

（7）stalled 事件：浏览器获取媒体数据异常，常常是因为请求时没有响应。

（8）play 事件：即将开始播放，当执行了 play 方法时被触发，或数据下载后元素被设为 autoplay（自动播放）属性。

（9）pause 事件：暂停播放，当执行了 pause 方法时被触发。

（10）loadedmetadata 事件：浏览器获取完媒介资源的时长和字节。

（11）loadeddata 事件：浏览器已加载当前播放位置的媒介数据。

（12）waiting 事件：播放由于下一帧无效（例如未加载）而停止（但浏览器确认下一帧会马上有效）。

（13）playing 事件：已经开始播放。

（14）canplay 事件：浏览器能够开始媒介播放，但估计以当前的速率不能直接将媒介播放完（播放期间需要缓冲）。

（15）canplaythrough 事件：浏览器估计以当前速率直接播放可以直接播放完整个媒介资源（期间不需要缓冲）。

（16）seeking 事件：浏览器正在请求数据（seeking 属性值为 true）。

（17）seeked 事件：浏览器停止请求数据（seeking 属性值为 false）。

（18）timeupdate 事件：当前播放位置（currentTime 属性）改变，可能是播放过程中的自然改变，也可能是被人为地改变，或由于播放不能连续而发生的跳变。

（19）ended 事件：播放由于媒介结束而停止。

（20）ratechange 事件：默认播放速率（defaultPlaybackRate 属性）改变或播放速率（playbackRate 属性）改变。

（21）durationchange 事件：媒介时长（duration 属性）改变。

（22）volumechange 事件：音量（volume 属性）改变或静音（muted 属性）。

7.4.3 事件实例

例（源代码参见"chap7.4.3.1.html"）讲解一下多媒体元素事件的用法，在本例中将在页面中显示要播放的多媒体文件，同时显示多媒体文件的总时间，当单击"播放"按钮时，将显示当前播放的时间。多媒体文件的总时间与当前时间将以"时：分：秒"的形式显示。

本实例的实现步骤：

（1）通过 video 标签添加多媒体文件，代码如下：

```
<video>
```

```
        <source src=" 2.ogv" type=" video/ogg" />
</video>
```

(2)在页面上放置一个一行三列的表格,在 3 个单元格中放置 3 个 div 标签,分别为"播放/暂停"按钮、媒体总时间、当前播放时间,代码如下:

```
<div class=" videochrome paused" >
        <div class=" controls" >
  <div class=" scrub" >
   <table width=" 150" border=" 0" cellpadding=" 0" cellspacing=" 0" >
            <tr>
             <td width=" 50" scope=" row" ><button class=" play" title=" play" >播放</button></td>
                <td width=" 50" align=" center" ><div class=" duration" >0:00</div></td>
                <td width=" 50" align=" center" ><div class=" loaded" ><div class=" buffer" ><div class=" playhead" ><span>0:00</span></div></div></div></td>
            </tr>
   </table>
  </div>
 </div>
</div>
```

(3)通过 querySelector 方法获取 div 标签中 class 的值,并赋给变量。其实现的主要代码如下:

```
wrapper=document.querySelector ('.videochrome'),
buffer=document.querySelector ('.videochrome.controls.buffer'),
    playhead=buffer.querySelector ('.playhead'),
play=wrapper.querySelector ('.play'),
duration=wrapper.querySelector ('.duration'),
currentTime=playhead.querySelector ('span');
```

(4)使用 video 元素的 addEventListener 方法对 loadeddata 事件进行监听,同时绑定 canplay 函数,在这个函数中调用 initControls 函数,在该函数中用分秒来显示当前播放时间。同时调用 play 方法触发 onclick 事件,在这个事件中对播放的进度进行判断,当播放完成后,当前播放为 0,否则通过三位运算符执行播放或暂停。代码如下:

```
video.addEventListener ('loadeddata', canplay, false);   //使
```

用事件监听准备播放

```
function canplay () {    //调用 canplay 函数初始化媒体
  initControls ();
}
function initControls () {
  duration.innerHTML = asTime (video.duration);    //将播放时间以
分和秒的形式输出
  play.onclick = function () {
    if (video.ended) {    //如果媒体播放结束，播放时间从 0 开始
      video.currentTime = 0;
    }
    video [video.paused? 'play': 'pause'] ();    //通过三元运算执
行播放和暂停
  };
}
```

（5）由于 currentTime 和 duration 的时间值默认的单位是秒，而总时间和当前播放时间是以分和秒的形式输出，这就需要转换，方法是：通过 asTime 函数获取时间，利用 Math. round 函数对其进行取整，再将秒转化为分、时。代码如下：

```
function asTime (t) {
  t = Math.round (t);
  var s = t % 60;
  var m = ~ ~ (t/60);
  return m +': ' + two (s);
}
function two (s) {
  s + = "";
  if (s.length < 2) s = " 0" + s;
  return s;
}
```

（6）使用 video 元素的 addEventListener 方法对 play、pause、ended 等事件进行监听，同时绑定 playEvent、pauseEvent 函数，实现"播放/暂停"的转化。代码如下：

```
video.addEventListener ('play', playEvent, false);    //使用事件播放
video.addEventListener ('pause', pausedEvent, false);    //播放暂停
video.addEventListener ('ended', function () {    //播放结束后停止播放
  this.pause ();    //显示暂停播放
```

```
    }, false);
    function playEvent () {
      play.innerHTML = '暂停';
    }
    function pausedEvent () {
      play.innerHTML = '播放';
    }
```

（7）使用 video 元素的 addEventlistener 方法对 durationchange 和 timeupdate 等事件进行监听，同时绑定 updateSeekable 和 updatePlayhead 函数，在这两个函数中输出媒体文件的总时间长度和当前播放时间。代码如下：

```
    video.addEventListener (' durationchange ', updateSeekable,
false);    //播放的时长被改变
    video.addEventListener ('timeupdate', updatePlayhead, false);
//使用事件监听方式捕捉事件
    function updateSeekable () {
      duration.innerHTML = asTime (video.duration); //媒体文件的总播放时间
    }
    function updatePlayhead () {
      currentTime.innerHTML = asTime (video.currentTime);   //媒体的当前播放时间
    }
```

其运行效果如图 7.4 所示。

图 7.4　事件捕捉实例

7.5 小结

本章介绍了 HTML5 中 video 元素和 audio 元素的用法,并演示了如何使用它们构建 Web 应用。Audio 元素和 video 元素的引入让 HTML5 的应用多了一种选择:不使用插件即可播放音频和视频。此外,audio 元素和 video 元素还提供了通用的、集成化的可用脚本控制的 API。

习 题

一、选择题

1. 可以通过(   )元素来为同一个媒体数据指定多个播放格式与编码方式。

    A. source   B. video   C. audio   D. 以上都不是

2. 下面的属性中指定媒体是否在页面加载后自动播放的是(   )。

    A. 100p   B. autoplay   C. poster   D. auto

3. 下面的属性中为读写属性的是(   )。

    A. error   B. currentTime   C. currentSrc   D. buffered

4. canPlayType 方法是用来(   )的。

    A. 播放媒体   B. 暂停播放
    C. 测试浏览器是否支持指定的媒体类型   D. 以上都不是

5. 用于控制播放媒体音量大小的属性是(   )。

    A. volume   B. muted   C. seeking   D. buffered

二、判断题

startTime 属性用来读取媒体播放的开始时间,通常为 1。(   )

三、填空题

_____属性指定是否为视频或音频添加浏览器自带的播放用的控制条。

第 8 章
用 HTML5 绘制图形

本章介绍 canvas API。使用 canvas API 可以在页面上绘制任何需要的、非常漂亮的图形、图像，制作出丰富多彩的 Web 页面。

8.1 canvas 基础知识

8.1.1 canvas 是什么

canvas 元素是 HTML5 中新增的一个重要元素，专门用来绘制图形。在页面上放置一个 canvas 元素就相当于在页面上放置了一块画布，可以在其中进行图形的描绘。

在 canvas 元素里进行绘画，并不是指拿鼠标来作画。在网页上使用 canvas 元素时，它会创建一块矩形区域。默认情况下该矩形区域宽为 300 像素，高为 150 像素，用户可以自定义具体的大小或者设置 canvas 元素的其他特性。在页面中加入了 canvas 元素后，便可以通过 JavaScript 来自由地控制它。可以在其中添加图片、线条以及文字，也可以在里面绘图，甚至还可以加入高级动画。

其语法格式为：<canvas></canvas>

8.1.2 在页面中放置 canvas 元素

在 HTML 中放入 canvas 元素非常简单和直观，代码如下：

```
< canvas id = " canvas" width = " 400 " height = " 300 " / >
</canvas >
```

以上代码会在页面上显示一块 400 像素×300 像素的"隐藏"区块。要为其增加一个边框才可以看见它，代码如下：

```
< canvas id = " xyfg" width = " 400" height = " 300" style = " bor-
```

```
der: 1px solid" ></canvas>
```

程序的运行结果,如图 8.1 所示。

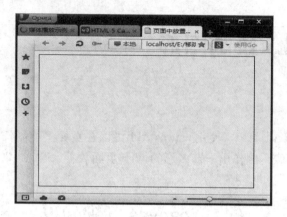

图 8.1 canvas 在页面上的显示效果

其中增加的"id = 'xyfg'"属性是为了在开发过程中通过该 id 迅速找到该 canvas 元素并在其上画图。

下面在创建的画布上绘制一条斜线,实现步骤如下:

首先,通过 canvas 的 id 值来获取对 canvas 对象的访问权。这里引用的 id 为 xyfg,接着定义一个 context 变量,调用 canvas 对象的 getContext 方法,同时传入使用的 canvas 类型。因为是画二维的直线,所以传入 "2d" 来获取一个二维上下文,这也是到目前为止唯一可用的上下文。代码如下:

```
var canvas = document.getElementById (" xyfg");
        var context = canvas.getContext (" 2d");
```

接下来,基于这个上下文进行画线操作,主要是依次调用三个方法:beginPath ( )、moveTo ( ) 和 LineTo ( ),传入这条线的起点和终点坐标。代码如下:

```
context.beginPath ();
context.moveTo (70, 140);
context.lineTo (140, 140);
```

最后在结束 canvas 操作的时候,通过调用 context. stroke ( ) 方法完成斜线的制作。代码如下:

```
context.stroke ();
}
```

为了使画布上的绘图函数得以调用,需在脚本中设置监听事件:
```
window.addEventListener (" load", drawDiagonal, true);
```

本例的绘图效果如图 8.2 所示。

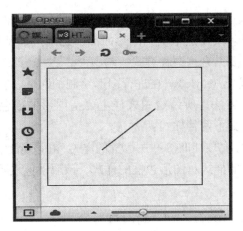

图 8.2　在 canvas 画布上画线

8.1.3　绘制带边框的矩形

下面在 canvas 画布中绘制一个矩形。本例调用了脚本文件中的 draw 函数进行图形描绘。该函数放置在 body 的属性中，使用 onload = "draw（'canvas'）;"语句可调用脚本文件中的 draw 函数进行图像描画。

在本例中 draw 函数的功能是把 canvas 画布的背景用浅蓝色涂满，然后画出一个绿色正方形，正方形的边框为红色，如图 8.3 所示。

图 8.3　在 canvas 画布上画矩形

用 canvas 元素绘制矩形的具体步骤如下：

（1）用 document.getElementById（）方法获得 canvas 元素，代码如下：

```
var canvas = document.getElementById (id);
```

（2）使用 canvas 对象的 getContext（）方法获得上下文，同时传入使用的 canvas 类型，这里传入的仍然是"2d"，代码如下：

Var Context = canvas.getContext ('2d');

（3）填充与绘制边框。用 canvas 元素绘制图形，有两种方式——填充（fill）与绘制边框（stroke）。填充是指填满图形内部；绘制边框是指不填满图形内部，只绘制图形的边框。要结合这两种方式绘制图形。

（4）设定绘图式样（style）。在进行图形绘制的时候，首先要设定好绘图的式样及如何调用有关方法。所谓绘图式样主要指图形的颜色以及颜色以外的样式。本例主要应用了如下两种样式：

①设定填充图形的样式：fillStyle——填充的样式，在该属性中设置填充的颜色值。

②设定图形边框的样式：图形边框的样式，该属性值设置边框的颜色值。

代码如下：

```
context.fillStyle = " #eeeeff";
context.strokeStyle = " red";
```

（5）指定线宽。图像上下文的 lineWidth 属性设置图形边框的宽度，代码如下：

```
context.lineWidth = 1;
```

（6）指定颜色值。用颜色名或者十六进制的颜色值定义颜色，例如"red""blue""#EEEEFF"。也可以用 rgb 或 rgba 函数来指定颜色值。

（7）矩形的绘制。用 fillRect 方法绘制矩形，用 strokeRect 方法绘制矩形边框，代码如下：

```
context.fillRect (50, 50, 100, 100);     //画矩形内部
context.strokeRect (50, 50, 100, 100);   //画矩形边框
```

画矩形边框或矩形内部需要 4 个参数，分别表示矩形左上角的横坐标、纵坐标，和矩形右下角的横坐标和纵坐标。

综合代码如下：

```
<! DOCTYPE html >
< head >
< meta charset = " UTF - 8 "  >
< title > canvas 元素实例 </title >
< script >
function draw (id) {
  var canvas = document.getElementById (id);
  if (canvas = = null)
      return false;
      var context = canvas.getContext ('2d');
```

```
                context.fillStyle = " #eeeeff";
                context.fillRect (0, 0, 400, 300);
                context.fillStyle = " green";
                context.fillRect (50, 50, 100, 100);      //画矩形内部
context.lineWidth = 6;
context.strokeStyle = " yellow";
context.strokeRect (50, 50, 100, 100);      //画矩形边框
}
</script>
</head>
<body onload = " draw ('canvas');" >
<h1 > canvas 中画矩形 </h1 >
< canvas id = " canvas" width = " 400" height = " 300" / >
</body>
</html>
```

程序运行界面，如图 8.4 所示。

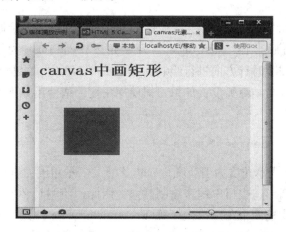

图 8.4　在 canvas 画布上画带边框的矩形

8.2　画布中的路径设置

8.2.1　使用 arc 方法绘制圆形

要想绘制其他图形，需要使用路径。同绘制矩形一样，绘制开始时还是要取

得图形上下文，然后需要执行如下步骤：

①开始创建路径；
②创建图像的路径；
③关闭路径；
④进行图形绘制。

简单来说，绘制圆形的步骤是先使用路径勾勒图形轮廓，然后设置颜色，进行绘制。

（1）开始创建路径。

使用图形上下文对象的 beginPath（）方法创建路径，该方法的定义如下：

```
context.beginPath ();
```

该方法不使用参数。通过调用该方法，开始路径的创建。

（2）创建图像的路径。

使用图形上下文对象的 arc 方法。该方法的定义如下：

```
context.arc (x, y, radius, startAngle, endAngle, anticlockwise);
```

该方法使用6个参数，x 为绘制圆形的起点横坐标，y 为绘制圆形的起点纵坐标，radius 为圆形半径，startAngle 为开始角度，endAngle 为结束角度，anticlockwise 为是否按顺时针方向进行绘制。在 canvas API 中，绘制半径与弧时指定的参数为开始弧度与结束弧度，如果习惯使用角度，请使用如下方法将角度转换为弧度：

```
var radians=degrees* math.PI/180;
```

其中 math.PI 表示角度为180度，math.PI*2 表示角度为360度。arc 方法不仅可以用来绘制圆形，也可以用来绘制圆弧。因此，使用时必须要指定开始角度与结束角度。因为这两个角度决定了弧度。Anticlockwise 参数为一个布尔值的参数，参数值为 true 时，按顺时针绘制；参数值为 false 时，按逆时针绘制。

（3）关闭路径。

路径创建完成后，使用图形上下文对象的 closePath 方法将路径关闭。该方法的定义如下：

```
context.closePath ();
```

将路径关闭后，路径的创建工作就完成了，但是需要注意的是，这时只是路径创建完毕而已，还没有真正绘制图形。

（4）进行图形绘制。

进行圆形绘制，并设定绘制样式。实现的代码如下：

```
context.fillStyle = 'rgba (255, 0, 0, 0.25) ';
context.fill ();
```

绘制完成的图形在浏览器中的显示效果如图 8.5 所示。

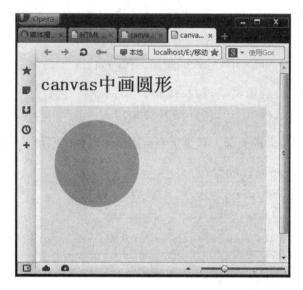

图 8.5　在 canvas 画布上画圆形

8.2.2　使用 moveTo 和 lineTo 路径绘制火柴人

接下来介绍除了 arc 方法以外，如何使用其他绘制图形的方法来绘制简单图形。

①moveTo（x，y）方法：不绘制，只是将当前位置移动到新的目标坐标（x，y）。

②lineTo（x，y）方法：不仅将当前位置移动到新的目标坐标（x，y），而且在两个坐标之间画一条直线。

简而言之，上面两个函数的区别在于：moveTo 就像是提起画笔，移动到新位置，而 lineTo 告诉 canvas 用画笔从纸上的旧坐标画条直线到新坐标。需要提醒大家注意的是，不管调用它们哪一个，都不会真正画出图形，因为还没有调用 stroke 或者 fill 函数。目前只是在定义路径的位置，以便后面绘制时使用。

再来看一个特殊的路径函数 closePath。这个函数的行为和 lineTo 很像，它们唯一的差别在于 closePath 会将路径的起始坐标自动作为目标坐标。closePath 还会通知 canvas 当前绘制的图形已经闭合或者形成了完全封闭的区域，这对将来的填充和描边都非常有用。

下面应用 canvas、arc、moveTo、lineTo 方法来绘制一个火柴人。

用 canvas 元素绘制矩形的具体步骤如下：

（1）用 document.getElementBuId（）方法获得 canvas 元素，获得上下文，代码如下：

```
var canvas = document.getElementById (id);
var Context = canvas.getContext ('2d');
```

（2）创建一个 300×300 像素的画布，代码如下：

```
context.fillStyle =" #EEEEFF";
context.fillRect (0, 0, 300, 300);
```

（3）创建火柴人的头部，其为空心，边框为红色的圆形，代码如下：

```
context.beginPath ();
context.strokeStyle = '#c00';
context.lineWidth = 3;
context.arc (100, 50, 30, 0, Math.PI* 2, true);
context.fill ();
context.stroke ();
```

（4）绘制红色的嘴巴。再次使用 beginPath，使脸部的路径和头部的路径分开。嘴的实现代码如下：

```
context.beginPath ();
context.strokeStyle = '#c00';
context.lineWidth = 3;
context.arc (100, 50, 20, 0, Math.PI, false);
context.fill ();
context.stroke ();
```

（5）绘制红色的眼睛。眼睛的实现代码如下：

```
context.beginPath ();
context.fillStyle = '#c00';
context.arc (90, 45, 3, 0, Math.PI* 2, true);
context.fill ();
context.stroke ();
context.moveTo (113, 45);
context.arc (110, 45, 3, 0, Math.PI* 2, true);
context.fill ();
context.stroke ();
```

(6) 绘制下肢，代码如下：

```
context.beginPath ();
context.moveTo (100, 80); //move to neck
context.lineTo (100, 180); //body
context.lineTo (75, 250); //绘制左腿
context.moveTo (100, 180); //move to hips
context.lineTo (125, 250); //绘制右腿
context.moveTo (100, 90); //move to shoulders
context.lineTo (75, 140); //绘制左胳膊
context.moveTo (100, 90); //back to shoulders
context.lineTo (125, 140); //绘制右胳膊
context.stroke ();
```

(7) 关闭路径。路径创建后，使用 closePath 方法将路径关闭。因为火柴人的每一部分都是一个子路径，都能独立绘制，只要在结尾处关闭即可，无需调用 fill 方法或者 stroke 方法来执行绘制。

本例的效果如图 8.6 所示。

8.2.3 贝塞尔和二次方曲线

绘制贝塞尔曲线主要使用 bezierCurveTo () 方法。该方法可以说是 lineTo 的曲线版，将当前坐标点到指定坐标点中间的贝塞尔曲线追加到路径中。该方法的定义如图 8.6 所示：

图 8.6　使用路径绘制的火柴人

bezierCurveTo（cp1x, cp1y, cp2x, cp2y, x, y）;

该方法使用 6 个参数。绘制贝塞尔曲线的时候，需要两个控制点，cp1x 为第一个控制点的横坐标，cp1y 为第一个控制点的纵坐标；cp2x 为第二个控制点的横坐标，cp2y 为第二个控制点的纵坐标；x 为贝塞尔曲线的终点横坐标，y 为贝塞尔曲线的终点纵坐标。

例如，绘制二次样条曲线，使用的方法是 quadraticCurveTo。该方法的定义如下：

quadraticCurveTo（cp1x, cp1y, x, y）;

两种方法的区别如图 8.7 所示。

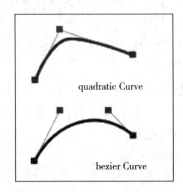

图 8.7　bezierCurve 与 quadraticCurve 的区别

它们都有一个起点一个终点（图中的蓝点），但二次方贝塞尔曲线只有一个控制点，而三次方贝塞尔曲线有两个控制点。参数 x 和 y 是终点坐标，cp1x 和 cp1y 是第一个控制点的坐标，cp2x 和 cp2y 是第二个控制点的坐标。

下面通过 bezierCurveTo 方法绘制一个实心的红心图形，完整代码如下：

```html
<!DOCTYPE html>
<head>
<meta charset="UTF-8">
<title>canvas 元素实例</title>
<script>
function draw (id)
{
    var canvas = document.getElementById (id);
    var context = canvas.getContext ('2d');
    context.fillStyle = "#EEEEFF";
    context.fillRect (0, 0, 150, 150);
        context.beginPath ();
```

```
            context.fillStyle = '#c00';
            context.strokeStyle = '#c00';
            context.moveTo (75, 40);
            context.bezierCurveTo (75, 37, 70, 25, 50, 25);
            context.bezierCurveTo (20, 25, 20, 62.5, 20, 62.5);
            context.bezierCurveTo (20, 80, 40, 102, 75, 120);
            context.bezierCurveTo (110, 102, 130, 80, 130, 62.5);
            context.bezierCurveTo (130, 62.5, 130, 25, 100, 25);
            context.bezierCurveTo (85, 25, 75, 37, 75, 40);
            context.fill ();
            context.stroke ();
}
        context.closePath ();
</script>
</head>
<body onload=" draw ('canvas');" >
<h1>canvas 中绘制红心</h1>
<canvas id=" canvas" width=" 400" height=" 300" />
</body>
</html>
```

其显示效果如图 8.8 所示。

图 8.8　在 canvas 中绘制红心

接下来通过 bezierCurveTo 方法绘制一个作注释用的对话框图形，代码如下：

```html
<!DOCTYPE html>
<head>
<meta charset="UTF-8">
<title>canvas 元素实例</title>
<script>
function draw (id)
{
    var canvas=document.getElementById (id);
    var context=canvas.getContext ('2d');
    context.fillStyle=" #EEEEFF";
    context.fillRect (0, 0, 150, 150);
        context.beginPath ();
        context.moveTo (75, 25);
        context.strokeStyle='#c00';
        context.quadraticCurveTo (25, 25, 25, 62.5);
        context.quadraticCurveTo (25, 100, 50, 100);
        context.quadraticCurveTo (50, 120, 30, 125);
        context.quadraticCurveTo (60, 120, 65, 100);
        context.quadraticCurveTo (125, 100, 125, 62.5);
        context.quadraticCurveTo (125, 25, 75, 25);
        context.stroke ();
        context.fill ();
}
    context.closePath ();
</script>
</head>
<body onload=" draw ('canvas');" >
<h1>canvas 中绘制对话框</h1>
<canvas id=" canvas" width=" 400" height=" 300" />
</body>
</html>
```

其显示效果如图 8.9 所示。

图 8.9　在 canvas 中绘制对话框

8.3　运用样式与颜色

8.3.1　fillStyle 和 strokeStyle

canvas 的样式与颜色设置主要利用 fillStyle 和 strokeStyle 这两个属性。这两个属性的定义方法如下：

fillStyle = color；

strokeStyle = color；

strokeStyle 是用于设置图形轮廓的颜色，而 fillStyle 用于设置填充颜色。color 可以是表示 CSS 颜色值的字符串、渐变对象或者图案对象。在默认情况下，线条和填充颜色都是黑色（CSS 颜色值#000000）。这里需要注意的是对于自定义颜色则应该保证输入符合 CSS 颜色值标准的有效字符串。下面的代码都是符合标准的颜色表示方式，都表示同一种颜色（橙色）。

①context. fillStyle = " orange"；

②context. fillStyle = " #FFA500"；

③context. fillStyle = " rgb（255，165，0)"；

④context. fillStyle = " rgba（255，165，0，1)"；

fillStyle 与 strokeStyle 的实例效果如图 8.10 所示。

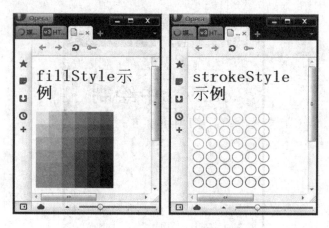

图 8.10 fillStyle 与 strokeStyle 实例

8.3.2 透明度 globalAlpha

通过设置 globalAlpha 属性或者使用一个半透明颜色作为轮廓或填充的样式可绘制透明或半透明的图形。globalAlpha 属性定义代码如下：

```
globalAlpha = transparency value;
```

这个属性影响到 canvas 里所有图形的透明度，其有效值的范围是 0.0（完全透明）到 1.0（完全不透明），默认值是 1.0。globalAlpha 属性在需要绘制大量拥有相同透明度的图形时候相当高效。

下面通过一个实例来了解一下 globalAlpha 属性的应用。本例用四色格作为背景，设置 globalAlpha 为 0.3 后，在上面画一系列半径递增的半透明圆。最终结果是一个径向渐变效果。圆叠加得越多，原先所画的圆的透明度就越低。通过增加循环次数，画更多的圆，背景图的中心部分会完全消失（图 8.11）。

图 8.11 globalAlpha 属性实例

8.3.3 线型 linestyles

线型包括如下属性：
①lineWidth = value;
②lineCap = type;
③lineJoin = type;
④miterLimit = value。

可通过这些属性来设置线的样式。下面将结合实例来讲解各属性的应用及应用后的效果。

1. lineWidth 属性

该属性设置当前绘线的粗细，属性值必须为正数。默认值是 1.0。线宽是指给定路径的中心到两边的粗细。换句话说就是在路径的两边各绘制线宽的一半。因为画布的坐标并不和像素直接对应，当需要获得精确的水平或垂直线的时候要特别注意。

lineWidth 的显示效果如图 8.12 所示。

图 8.12　lineWidth 属性实例

2. lineCap 属性

该属性决定了线段端点显示的样子。它可以为下面的三种值之一：butt、round 和 square，默认值是 butt。

lineCap 的显示效果如图 8.13 所示。

3. lineJoin 属性

该属性值决定了图形中两线段连接处所显示的样子。它可以是以下三种值之一：round、bevel 和 miter。默认值是 miter。

图 8.13 lineCap 属性实例

lineJoin 的显示效果如图 8.14 所示。

图 8.14 lineJoin 属性实例

8.4 绘制渐变图形

8.4.1 线性渐变

前面学习过，使用 fillStyle 方法在填充时指定填充颜色，其实，fillStyle 除了指定颜色外，还可以用来指定填充对象。渐变是指在填充时从一种颜色慢慢过渡到另外一种颜色。渐变分为几种，如线性渐变、径向渐变等。

绘制线性渐变时，需要使用到 LinearGradient 对象。使用图像上下文对象的 createLinearGradient 方法创建该对象。该方法的定义如下：

```
context.createLinearGradient (xStart, yStart, xEnd, yEnd);
```

该方法使用 4 个参数，xStart 为渐变起始地点的横坐标，yStart 为渐变起始地点的纵坐标，xEnd 为渐变结束地点的横坐标，yEnd 为渐变结束地点的纵坐标。

创建了一个使用两个坐标点的 LinearGradient 对象之后，使用 addColorStop 方法进行绘制颜色，该方法的定义如下：

```
context.addColorStop (offset, color);
```

该方法使用两个参数——offset 和 color。offset 为所设定的颜色离开渐变起始点的偏移量。该参数的值是一个范围在 0 到 1 之间的浮点值，渐变起始点的偏移量为 0，渐变结束点的偏移量为 1。

下面绘制从上到下、由黑色到白色的线性渐变，代码如下：

```html
<!DOCTYPE html>
<head>
<meta charset="UTF-8">
<title>绘制线性渐变</title>
<script>
function draw (id) {
    var context=document.getElementById ('canvas') .getContext ('2d');
    var lingrad = context.createLinearGradient (0, 0, 0, 150);
            lingrad.addColorStop (0, 'black');
            lingrad.addColorStop (1, 'white');
            context.fillStyle = lingrad;
            context.fillRect (10, 10, 130, 130);
}
</script>
</head>
<body onload=" draw ('canvas');" >
<h1>绘制线性渐变</h1>
<canvas id=" canvas" width=" 400" height=" 300" />
</body>
</html>
```

其运行效果如图 8.15 所示。

图 8.15 绘制线性渐变

8.4.2 径向渐变

径向渐变是指沿着圆形的半径方向向外进行扩散的渐变方式。譬如在绘制太阳时,沿着太阳的半径方向向外扩散出去的光晕就是一种径向渐变。

使用图形上下文对象的 createLinearGradient 方法绘制径向渐变,该方法的定义如下:

context.createRadialGradient(xStart, yStart, radiusStart, xEnd, yEnd, radiusEnd)

该方法使用 6 个参数,xStart 为渐变开始圆的圆心横坐标,yStart 为渐变开始圆的圆心纵坐标,radiusStart 为开始圆的半径,xEnd 为渐变结束圆的圆心横坐标,yEnd 为渐变结束圆的纵坐标,radiusEnd 为结束圆的半径。

在这个方法中,分别指定了两个圆的大小与位置。从第一个圆的圆心处向外进行扩散渐变,一直扩散到第二个圆的外轮廓处。在设定颜色时,与线性渐变相同,使用 addColorStop 方法进行设定。此时同样需要设定 0 到 1 之间的浮点数来作为渐变转折点的偏移量。

下面的实例中有 4 个不同的径向渐变,设置起点稍微偏离终点,4 个径向渐变效果的最后一个色标都是透明色,从而制造出球状 3D 效果。代码如下:

```
<!DOCTYPE html>
<head>
<meta charset="UTF-8">
<title>绘制就径向渐变</title>
<script>
function draw(id) {
    var context = document.getElementById('canvas')
```

```
.getContext ('2d');
            var radgrad = context.createRadialGradient (45, 45,
10, 52, 50, 30);
                    radgrad.addColorStop (0, '#A7D30C');
                    radgrad.addColorStop (0.9, '#019F62');
                    radgrad.addColorStop (1, 'rgba (1, 159, 98, 0) ');
        var radgrad2 = context.createRadialGradient (105, 105, 20,
112, 120, 50);
                    radgrad2.addColorStop (0, '#FF5F98');
                    radgrad2.addColorStop (0.75, '#FF0188');
                    radgrad2.addColorStop (1, 'rgba (255, 1, 136, 0) ');
        var radgrad3 = context.createRadialGradient (95, 15, 15,
102, 20, 40);
                    radgrad3.addColorStop (0, '#00C9FF');
                    radgrad3.addColorStop (0.8, '#00B5E2');
                    radgrad3.addColorStop (1, 'rgba (0, 201, 255, 0) ');
        var radgrad4 = context.createRadialGradient (0, 150, 50, 0,
140, 90);
                    radgrad4.addColorStop (0, '#F4F201');
                    radgrad4.addColorStop (0.8, '#E4C700');
                    radgrad4.addColorStop (1, 'rgba (228, 199, 0, 0) ');

        context.fillStyle = radgrad4;
        context.fillRect (0, 0, 150, 150);
        context.fillStyle = radgrad3;
        context.fillRect (0, 0, 150, 150);
        context.fillStyle = radgrad2;
        context.fillRect (0, 0, 150, 150);
        context.fillStyle = radgrad;
        context.fillRect (0, 0, 150, 150);
    }
</script >
</head >
< body onload = " draw ('canvas');" >
< canvas id = " canvas" width = " 400" height = " 300" / >
</body >
</html >
```

其显示效果如图 8.16 所示。

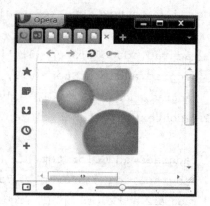

图 8.16 径向渐变

8.5 绘制变形图形

8.5.1 坐标变换

对坐标的变换处理有三种方式：平移、缩放、旋转。

1）平移

移动图形的绘制主要是通过 translate 方法来实现的，该方法定义如下：

context.translate (x, y);

translate 方法使用两个参数，x 表示将坐标轴原点向左移动多少个单位，默认情况下为像素；y 表示将坐标轴原点向下移动多少个单位。

2）缩放

使用图形上下文对象的 scale 方法将图形缩放。该方法的定义如下：

context.scale (x, y);

scale 方法使用两个参数，x 是水平方向的放大倍数，y 是垂直方向的放大倍数。将图形缩小的时候，将这两个参数设置为 0 到 1 之间的小数就可以了，例如 0.5 是指将图形缩小一半。

3）旋转

使用图形上下文对象的 rotate 方法将图形进行旋转。该方法的定义如下：

context.rotate (angle);

rotate方法接受一个参数angle,angle是指旋转的角度,旋转的中心点是坐标轴的原点。旋转是以顺时针方向进行的,要想逆时针旋转,将angle设定为负数就可以了。

下面利用坐标变换的方法绘制变形的图形。本例中,先绘制一个矩形,然后利用循环反复平移坐标,进行图形缩放、图形旋转,最后绘制出一个非常漂亮的变形图形,代码如下:

```
<!DOCTYPE html>
<head>
<meta charset="UTF-8">
<title>绘制变形的图形</title>
<script>
function draw (id)
{
    var canvas=document.getElementById (id);
    if (canvas==null)
        returnfalse;
    var context=canvas.getContext ('2d');
    context.fillStyle=" #FFF";   //设置背景色为白色
    context.fillRect (0, 0, 400, 300);    //创建一个画布
    //图形绘制
    context.translate (200, 50);
    context.fillStyle='rgba (255, 0, 0, 0.25) ';
    for (var i=0; i<50; i++)
    {
        context.translate (25, 25);    //图形向左,向下各移动25
        context.scale (0.95, 0.95);    //图形缩放
        context.rotate (Math.PI/10);    //图形旋转
        context.fillRect (0, 0, 100, 50);
    }
}
</script>
</head>
<body onload=" draw ('canvas');" >
<canvas id=" canvas" width=" 400" height=" 300" />
</body>
</html>
```

其运行效果，如图 8.17 所示。

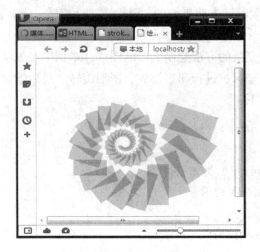

图 8.17　坐标变换实例

8.5.2　矩阵变换

变换矩阵是专门用来实现图形变形的，它与坐标一起配合使用，以达到变形的目的。当图形上下文被创建完毕时，事实上也创建了一个默认的变换矩阵，如果不对这个变换矩阵进行修改，那么接下来绘制的图形将以画布的最左上角的坐标为原点绘制图形，绘制出来的图形也经过缩放、变形的处理，但是如果对这个变换矩阵进行修改，那么情况将会不一样。

使用图形上下文对象的 transform 方法修改变换矩阵，该方法的定义如下：
transform（m11，m12，m21，m22，dx，dy）

该方法使用一个新的变换矩阵与当前变换矩阵进行乘法运算，该变换矩阵的形式如下：

$$\begin{matrix} m11 & m21 & dx \\ m12 & m22 & dy \\ 0 & 0 & 1 \end{matrix}$$

其中 m11、m21、m12、m22 四个参数用来修改使用这个方法之后绘制图形时的计算方法，以达到变形目的；dx 与 dy 参数移动坐标原点，dx 表示将坐标原点在 x 轴上向右移动 x 个单位，dy 表示将坐标原点在 y 轴上向下移动 y 个单位。默认情况下其以像素为单位。

下面的实例介绍 transform 方法的工作原理。在本例中，用循环方法绘制了几个圆弧，圆弧的大小与位置均不变，只是使用了 transform 方法让坐标原点每次向下移动 10 个像素，以使绘制出来的圆弧相互重叠，然后对圆弧设置七彩颜色，使这些圆弧的外观达到彩虹的效果。代码如下：

```html
<!DOCTYPE html>
<head>
<meta charset="UTF-8">
<title>transform方法的实例</title>
<script>
function draw (id)
{
    var canvas = document.getElementById (id);
    var context = canvas.getContext ('2d');
    /*定义颜色*/
    var colors = ["red","orange","yellow","green","blue","navy","purple"];
    /*定义线宽*/
    context.lineWidth = 10;
    context.transform (1, 0, 0, 1, 100, 0)
    /*循环绘制圆弧*/
    for (var i = 0; i < colors.length; i++)
    {
        /*定义每次向下移动10个像素的变换矩阵*/
        context.transform (1, 0, 0, 1, 0, 10);
        /*设定颜色*/
        context.strokeStyle = colors [i];
        /*绘制圆弧*/
        context.beginPath ();
        context.arc (50, 100, 100, 0, Math.PI, true);
        context.stroke ();
    }
}
</script>
</head>
<body onload="draw ('canvas');">
<canvas id="canvas" width="400" height="300" />
</body>
</html>
```

其运行结果如图8.18所示。

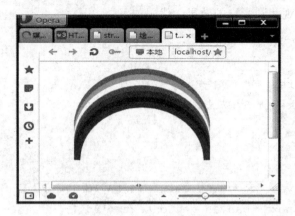

图 8.18　用 transform 实现坐标平移

下面的实例介绍了 setTransform 的具体的使用方法。在本例中首先创建一个红色边框的长方形，然后将该长方形顺时针旋转 45 度，绘制出一个新的长方形，并且绘制其边框为绿色，然后将红色长方形扩大 2.5 倍绘制新的长方形，边框为蓝色，最后在红色长方形的右下方绘制同样大小的长方形，边框为灰色。代码如下：

```
<!DOCTYPE html>
<head>
<meta charset="UTF-8">
<title>setTransform方法的实例</title>
<script>
function draw (id)
{
    var canvas = document.getElementById (id);
    var context = canvas.getContext ('2d');
    /*-------------绘制红色长方形--------*/
    context.strokeStyle = "red";
    context.strokeRect (30, 10, 60, 20);
    /*------绘制顺时针旋转45°后的绿色长方形------*/
    var rad = 45* Math.PI/180;    //绘制45度圆弧
    context.setTransform (Math.cos (rad), Math.sin (rad), -Math.sin (rad),
    Math.cos (rad), 0, 0);    //定义顺时针旋转45°的变换矩阵
    /*----------绘制图形----*/
    context.strokeStyle = "green";
    context.strokeRect (30, 10, 60, 20);
```

```
        /*------绘制放大2.5倍后的蓝色长方形--------*/
        context.setTransform(2.5,0,0,2.5,0,0);    //定义放大
2.5倍的变换矩阵
        /*绘制图形*/
        context.strokeStyle="blue";
        context.strokeRect(30,10,60,20);
        /*将坐标原点向右移动40像素,向下移动80像素后绘制灰色长方形*/
        context.setTransform(1,0,0,1,40,80);  //定义将坐标原点
向右移动40像素,向下移动80像素的矩阵
        /*绘制图形*/
        context.strokeStyle="gray";
        context.strokeRect(30,10,60,20);
    }
</script>
</head>
<body onload="draw('canvas');">
<canvas id="canvas" width="400" height="300"/>
</body>
</html>
```

其运行结果如图8.19所示。

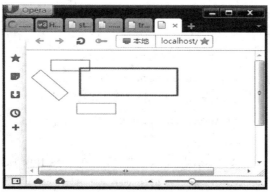

图8.19　用transform属性实现图形变换

8.6　给图形绘制阴影

在HTML5中,使用canvas元素可以给图形添加阴影效果。添加阴影效果时,

只需利用图形上下文对象的几个关于阴影绘制的属性就可以了,如下所示:

①shadowOffsetX:阴影的横向位移量;

②shadowOffsetY:阴影的纵向位移量;

③shadowBlur:阴影的模糊范围;

④shadowColor:阴影的颜色。

shadowOffsetX 和 shadowOffsetY 用来设定阴影在 x 和 y 轴的延伸距离,它们是不受变换矩阵所影响的。负值表示阴影会往上或左延伸,正值则表示它会往下或右延伸,它们的默认值都是 0。

shadowBlur 用于设定阴影的模糊程度,它表示图形阴影边缘的模糊范围。如果不希望阴影的边缘太清晰,需要将阴影的边缘模糊化时可以使用该属性。设定该属性值时必须要设定为比 0 大的数字,否则它将被忽略。一般设定在 0 至 10 之间,开发时可以根据情况调整这个数值,以达到满意效果。shadowColor 用于设定阴影效果的延伸,其值可以是标准的 CSS 颜色值,默认值是全透明的黑色。

下面绘制带阴影效果的文字,代码如下:

```
<!DOCTYPE html>
<head>
<meta charset="UTF-8">
<title>为文字绘制阴影效果</title>
<script>
function draw (id) {
        var context = document.getElementById ('canvas').getContext ('2d');
              context.shadowOffsetX=2;
              context.shadowOffsetY=2;
              context.shadowBlur=2;
              context.shadowColor="rgba (0, 0, 0, 0.5)";

              context.font="35px Times New Roman";
              context.fillStyle="Black";
              context.fillText ("浙江商业职业技术学院", 10, 40);
   }
</script>
</head>
<body onload="draw ('canvas');">
<canvas id="canvas" width="400" height="300" />
</body>
```

```
</html>
```

网页显示效果如图 8.20 所示。

图 8.20　给图形绘制阴影

8.7　组合多个图形

在 HTML5 中有 11 种组合图形的方式,只要它们设置到 context.globalCompositeOperation 中就可以了,下面用一个小例子来证明各种图形组合方式的结果。

HTML 代码很简单,只有 2 个控件。一个是下拉列表,让用户选择组合方式,并且一旦用户做出了选择,就执行 js 函数 draw(id),从而在第二个控件 canvas 上根据用户当前选择的组合方式进行画图。第二个控件就是一个 canvas,它用于显示画图的内容,代码如下:

```
<!DOCTYPE html>
<head>
<meta charset = " UTF-8" >
<title>HTML5 Combine Shape DEMO</title>
</head>
<body>
<h2>canvas: 显示组合图形</h2>
<!--创建一个下拉列表来让用户选择按照什么方式来组合图形-->
<!---一旦用户做出了选择,就会触发 onchange 处理函数,于是调用 js 函数,让其在 canvas 组件上画图-->
<select id = " selectCombineMethod" onchange = " draw ('canvas')" >
```

```html
<option>source-atop</option>
<option>source-in</option>
<option>source-out</option>
<option>source-over</option>
<option>destination-atop</option>
<option>destination-in</option>
<option>destination-out</option>
<option>destination-over</option>
<option>lighter</option>
<option>copy</option>
<option>xor</option>
</select>
<br><br>

<!--指定一个canvas元素用于显示结果-->
<canvas id="canvas" width="1000" height="1000"/>
<br><br>
<script>
function draw (id) {

    //得到用户选择的图形组合选项:
    var selectComponent = document.getElementById ("selectCombineMethod");
    //取得用户的选择的索引
    var selectedIndex = selectComponent.selectedIndex;
    //得到用户的选择的值,也就是选择的图形组合策略
    var selectedCombinedStrategy = selectComponent.options[selectedIndex].value;
    //得到页面上的画布对象
    var canvas = document.getElementById (id);
    if (canvas == null)
        return false;
    var context = canvas.getContext ('2d');

    //画原来的图形,蓝色正方形
    context.fillStyle = "blue";
    context.fillRect (40, 40, 60, 60);
```

```
        //将用户选择的图形组合方式设定到 context 中
        context.globalCompositeOperation = selectedCombinedStrate-
gy;

        //画新图形,是一个红色的圆
        //这时候,context 会根据图形的组合策略来决定如何绘制这 2 个图形
        context.beginPath ();
        context.fillStyle = " red";
        context.arc (40 + 60, 40 + 60, 30, 0, Math.PI * 2, false);
        context.fill ();
    }
    </script>
    </body>
```

js 函数负责响应下拉列表的 onchange 事件,从而在 canvas 上画图,它先绘制原图形(destination,在这里是一个蓝色正方形),然后取得用户选择的组合方式,再根据此方式画出新图形(source,在这里是一个红色的圆):

可以根据当前用户的选择来显示不同结果:这里的 source 是红色的圆(新图形),destination 是蓝色正方形(旧图形),如图 8.21 所示。

图 8.21　canvas 的图形组合

8.8 小结

本章主要介绍 HTML5 中的画布——canvas API，这是一个在网页上画图的编程接口。本章介绍如何使用 canvas API 绘制各种图形，并在讲解实例的同时对绘制中应用到的各种属性进行了详细的阐述。在讲解完绘制图形以后，本章继续讲解了如何在画布中使用图像。希望读者能了解并熟练掌握 HTML5 新增的 canvas 元素，以此制作出更加丰富多彩、赏心悦目的 Web 页面。

习 题

一、选择题

1. 下面用于设定填充图形的样式的是（　　）。
   A. fillStyles　　　B. strokeStyle　　　C. fillStyle　　　D. 以上都是
2. 下面用于设定图形边框的样式的是（　　）。
   A. fillStyle　　　B. strokeStyle　　　C. header　　　D. 以上都是
3. 在下面颜色值中，（　　）是正确的颜色值。
   A. &FF0000　　　B. #FFHH00　　　C. #FF00GG　　　D. #FFBB00
4. 开始创建路径的方法是（　　）。
   A. act　　　B. head　　　C. beginPath　　　D. command
5. 下面的代码中，表示绘制的是一个顺时针的圆的是（　　）。
   A. context.arc（100, 100, 75, 0, Math.PI*2, false）；
   B. context.arc（100, 100, 75, 0, Math.PI*2, true）；
   C. context.fillStyle', rgba（255, 0, 0, 0.25）,；
   D. 以上都不正确

二、判断题

1. context.rotate（Math.PI/lO）表示的是旋转 180 度。　　　　　　　（　　）
2. source-in 表示的是在原有图形之下绘制新图形。　　　　　　　　（　　）

三、填空题

1. Math.PI*2 表示角度为_____度。
2. 使用_____可以绘制贝塞尔曲线。

第 9 章 数据存储

本章介绍 HTML5 中与本地存储有关的两个重要内容：Web Storage 与本地数据库。

9.1 Web Storage

9.1.1 什么是 Web Storage

在 HTML5 中，除了 canvas 元素外，另一个新增的重要功能就是在客户端本地保存数据的 Web Storage 功能。Web 应用的发展使得客户端的功能也越来越多，客户端需要处理的数据也越来越多，因此有必要实现客户端的存储功能。实现客户端存储的方式多种多样，HTML5 之前最简单而且兼容性最好的方案是 cookies，但是作为真正的客户端存储，cookies 还存在一些不足如下：

①cookies 的大小被限制在 4KB；
②cookies 是随 HTTP 发送的，使用时会占用带宽；
③cookies 操作起来比较复杂，因为所有的信息要拼到一个长字符里面；
④对于 cookies，在相同站点与多事物处理保持联系不是很容易。

HTML5 提供了一种新的在客户端保存数据的功能，即 Web Storage 功能。顾名思义，WebStorage 就是在 Web 上存储数据的功能，而这里的存储是针对客户端本地而言的。它包含两种不同的存储类型：Session Storage 和 Local Storage。不管是 session Storage 还是 local Storage，它们都支持在同域下存储 5MB 数据。下面简单介绍 sessionStorage 和 localStorage。

1. sessionStorage

将数据保存在 session 对象中。所谓 session，是指用户在浏览某个网站时，从进入网站到浏览器关闭所经过的这段时间，也就是用户浏览这个网站所花费的时间。session 对象可以用来保存在这段时间内所要求保存的任何数据。

2. localStorage

将数据保存在客户端本地的硬件设备中,即使浏览器被关闭了,该数据仍然存在,下次打开浏览器访问网站时仍然可以继续使用。

这两种不同的存储类型的区别在于,SessionStorage 为临时保存,而 LocalStorage 为永久保存。

9.1.2 使用 Web Storage 中的 API

下面讲解如何使用 WebStorage 的 API。目前 WebStorage 的 API 如下属性是非法的:

①Length:获得当前 WebStorage 中的数目。

②key(n):返回 WebStorage 中的第 n 个存储条目。

③getItem(key):返回指定 key 的存储内容,如果不存在则返回 null。注意,返回的类型是 string 字符串类型。

④setItem(key, value):设置指定 key 的内容的值为 value。

⑤removeItem(key):根据指定的 key,删除键值为 key 的内容。

⑥clear:清空 WebStorate 的内容。

可以看到,Web Storage API 的操作机制实际上是对键值对进行操作。下面是一些相关的应用。

1. 数据的存储与获取

在 localStorage 中设置键值对数据可以应用 setItem(),代码如下:

```
localStorage.setItem (" key"," value);
```

获取数据可以应用 getItem(),代码如下:

```
var val = localStorage.getItem (" key");
```

当然也可以直接使用 localStorage 的 key 方法,而不使用 setItem 和 getItem 方法,代码如下:

```
localStorage.key =" value";
var val = localStorage.key;
```

HTML5 存储是基于键值对(key/value)的形式存储的,每个键值对被称为一个项(item)。存储和检索数据都是通过指定的键名,键名的类型是字符串类型。其值可以是包括字符串、布尔值、整数或者浮点数在内的任意 JavaScript 支持的类型。但是,最终数据是以字符串类型存储的。

调用结果是将字符串 value 设置到 sessionStorage 中,这些数据随后可以通过键 key 获取。调用 setItem() 时,如果指定的键名已经存在,那么新传入的数据会覆盖原先的数据。调用 getItem（）时，如果传入的键名不存在，那么会返回 null，而不会抛出异常。

2. 数据的删除和清空

removeItem（）用于从 Storage 列表删除数据，代码如下：

```
var val = sessionStorage.removeItem (key);
```

也可以通过传入数据项的 key 来删除对应的存储数据，代码如下：

```
var val = sessionStorage.removeItem (1);
```

说明：数字 1 会被转换为 string，因为 key 的类型就是字符串。

clear（）方法用于清空整个列表的所有数据，代码如下：

```
sessionStorage.clear ();
```

同时可以通过使用 length 属性获取 Storage 中存储的键值对的个数：

```
var val = sessionStorage.length;
```

注意：removeItem 可以清除给定的 key 所对应的项，如果 key 不存在则"什么都不做"；clear 会清除所有的项，如果列表本来就是空的就"什么都不做"。

9.1.3 sessionStorage 和 localStorage 的实例

下面的实例主要是通过 sessionStorage 和 localStorage 对页面的访问量进行计数。当在文本框内输入数据后，分别可以单击"session 保存"按钮和"local 保存"按钮对数据进行保存，还可以通过"session 读取"按钮和"local 读取"按钮对数据进行读取。但是两种方法对数据的处理方式不一样，使用 sessionStorage 方法时，如果关闭了浏览器，这个数据就丢失了，下一次打开浏览器，点击读取数据按钮时，读取不到任何数据。使用 localStorage 方法时，即使浏览器关闭了，下次打开浏览器时仍然能够读取保存的数据。但是，数据保存是按不同的浏览器分别进行的，也就是说，如果打开别的浏览器，是读取不到在这个浏览器中保存的数据的。代码如下：

```
<!DOCTYPE html>
<html>
<head>
<meta charset = " utf - 8" />
<title>sessionStorage 与 localStorage 区别</title>
</head>
<body>
```

```html
<h1>计数器</h1>
<p class="msg" id="msg_1"></p>
<p class="form_item"><label for="">要保存的数据：</label>
<input type="text" name="text-1" value="" id="text-1" /></p>
    <p class="form_item">
        <input type="button" name="btn-1" value="session保存" id="btn-1" />
        <input type="button" name="btn-2" value="session读取" id="btn-2" />
    </p>
    <p class="form_item">
        <input type="button" name="btn-3" value="local保存" id="btn-3" />
        <input type="button" name="btn-4" value="local读取" id="btn-4" />
    </p>
    <p class="count_wrap">
    session计数：<span class="count" id='session_count'></span>  
    local计数：<span class="count" id='local_count'></span></p>
    <script>
        function getE(ele){   //自定义一个getE()函数
            return document.getElementById(ele);   //返回并调用document对象的getElementById方法输出变量
        }
        var text_1=getE('text-1'),    //声明变量并为其赋值
            mag=getE('msg_1'),
            btn_1=getE('btn-1'),
            btn_2=getE('btn-2'),
            btn_3=getE('btn-3'),
            btn_4=getE('btn-4');
    btn_1.onclick=saveSessionStorage;
    btn_2.onclick=loadSessionStorage;
    btn_3.onclick=saveLocalStorage;
    btn_4.onclick=loadLocalStorage;

    function saveSessionStorage(){
```

```
            sessionStorage.setItem ('msg', text_1.value+'session');
        }
        function loadSessionStorage () {
            mag.innerHTML = sessionStorage.getItem ('msg');
        }
        function saveLocalStorage () {
            localStorage.setItem ('msg', text_1.value+'local');
        }
        function loadLocalStorage () {
            mag.innerHTML = localStorage.getItem ('msg');
        }
        //记录页面次数
        var local_count = localStorage.getItem ('a_count')? localStorage.getItem ('a_count'): 0;
        getE ('local_count') .innerHTML = local_count;
        localStorage.setItem ('a_count', +local_count+1);

        var session_count = sessionStorage.getItem ('a_count')? sessionStorage.getItem ('a_count'): 0;
        getE ('session_count') .innerHTML = session_count;
        sessionStorage.setItem ('a_count', +session_count+1);
        </script>
    </body>
</html>
```

其运行结果如图 9.1 所示。

图 9.1　sessionStorage 和 localStorage 实例

9.1.4　Web Storage 综合例子——留言本

本节介绍一个简单的 Web 留言本的实例。使用一个多行文本框输入数据，点击按钮时将文本框中的数据保存到 localStorage 中，在表单下部放置一个 P 元素来显示保存后的数据。如果只保存文本框中的内容，并不能知道该内容是什么时候写好的，所以在保存该内容的同时，也保存了当前日期和时间，并将该日期和时间一并显示在 P 元素中。利用 Web Storage 保存数据时，数据必须是"键名/键值"这样的格式，所以将文本框的内容作为键值，保存时的日期和时间作为键名来进行保存。计算机对日期和时间的值是以时间戳的形式进行管理的，所以保存时不可能存在重复的键名。代码如下：

```
<!DOCTYPE html>
<head>
<meta charset="UTF-8">
<title>简单 Web 留言本</title>
<style type="text/css" media="screen">
    * {margin: 0; padding: 0;}
    body {font-size: 14px;}
    ul, li {list-style: none; list-style-position: outside;}
    body {width: 740px; margin: 0 auto;}
    .form_item {min-height: 30px; margin-top: 5px; text-indent: 0;}
    .form_item label {display: block; line-height: 24px;}
    .form_item input[type="text"] {width: 180px; height: 24px; line-height: 24px;}
    .form_item textarea {vertical-align: top;}
    .form_item input[type="submit"], input[type="button"] {width: 80px; height: 24px; line-height: 24px; border: 1px solid #ff6600; border-radius: 4px; background: #ff6600; outline: none; color: #fff; cursor: pointer;}
    .form_item input[type="submit"] {margin-right: 50px;}
    .form_item input[type="submit"]:hover {position: relative; top: 1px;}
```

```css
            .datalist {min-height: 300px; border-top: 1px solid #e4e4e4;}
            .datalist dt {height: 30px; line-height: 30px; background: #e8e8e8;}
            .datalist dd {min-height: 30px; line-height: 24px; text-indent: 2em;}
            .datalist time {float: right;}

            p {line-height: 24px; text-indent: 2em;}
            table {width: 100%; border: 1px solid#e4e4e4;}
            table td {border: 1px solid #e4e4e4;}

            .msg {height: 24px; line-height: 24px;}
            .count_wrap {border: 1px solid #e4e4e4; text-indent: 0;}
            .count_wrap.count {margin-right: 50px;}
            .count {color: red; font-size: 18px;}
        </style>
<script type="text/javascript">
function saveStorage (id)
{
    var data = document.getElementById (id).value;
    var time = new Date ().getTime ();
    localStorage.setItem (time, data);
    alert ("数据已保存。");
    loadStorage ('msg');
}
function loadStorage (id)
{
    var result = '<table border="1">';
    for (var i = 0; i < localStorage.length; i++)
    {
        var key = localStorage.key (i);
        var value = localStorage.getItem (key);
        var date = new Date ();
        date.setTime (key);
```

```
            var datestr = date.toGMTString ();
            result + = '<tr><td>' + value + '</td><td>' + datestr
+ '</td></tr>';
        }
        result + = '</table>';
        var target = document.getElementById (id);
        target.innerHTML = result;
    }
    function clearStorage ()
    {
        localStorage.clear ();
        alert (" 全部数据被清除。");
        loadStorage ('msg');
    }
</script>
</head>
<body>
<h1>简单 Web 留言本</h1>
<textarea id = " memo" cols = " 60" rows = " 10" ></textarea>
<br>
                                   
<input type = " button" value = " 添加" onclick = " saveStorage ('memo');" >
<input type = " button" value = " 全部清除" onclick = " clearStorage ('msg');" >
<hr>
<p id = " msg" ></p>
</body>
</html>
```

其运行效果如图 9.2 所示。

9.1.5 JSON 对象的存数实例——用户信息卡

JSON 是一种使对象与字符串可以相互表示的数据转换标准。JSON 一直是通过 HTTP 将对象从浏览器传送到服务器的一种常用格式。现在，可以通过序列化复杂对象将 JSON 数据保存在 Storage 中，以实现复杂数据类型的持久化。

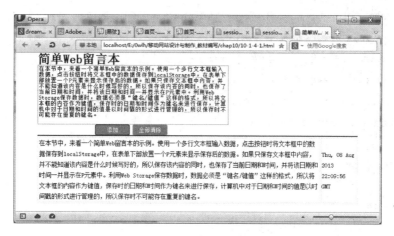

图 9.2　简单的留言本

下面是一个用户信息卡的实例，该实例将用户的信息使用 JSON 格式进行保存。使用 JSON 格式的文本来保存对象，获取该对象时再通过 JSON 格式来获取，可以保存和读取具有复杂结构的数据。代码如下：

```
<!DOCTYPE html>
<head>
<meta charset="UTF-8">
<title>用户信息卡</title>
<script type="text/javascript">
function saveStorage()
{
    var data = new Object;
    data.name = document.getElementById('name').value;
    data.email = document.getElementById('email').value;
    data.tel = document.getElementById('tel').value;
    data.memo = document.getElementById('memo').value;
    var str = JSON.stringify(data);
    localStorage.setItem(data.name, str);
    alert("数据已保存。");
}
function findStorage(id)
{
```

```
            var find = document.getElementById ('find') .value;
            var str = localStorage.getItem (find);
            var data = JSON.parse (str);
            var result = " 姓名:" + data.name + '<br>';
            result += " EMAIL:" + data.email + '<br>';
            result += " 电话号码:" + data.tel + '<br>';
            result += " 备注:" + data.memo + '<br>';
            var target = document.getElementById (id);
            target.innerHTML = result;
        }
    </script>
</head>
<body>
<h1>用户信息卡</h1>
<table>
        <tr><td align=" right" >姓名:</td><td><input type=" text" id=" name" ></td></tr>
        <tr><td align=" right" >EMAIL:</td><td><input type=" text" id=" email" ></td></tr>
        <tr><td align=" right" >电话号码:</td><td><input type=" text" id=" tel" ></td></tr>
        <tr><td align=" right" >说明:</td><td><input type=" text" id=" memo" ></td></tr>
        <tr>
            <td colspan=" 2" align=" center" ><input type=" button" value=" 保存" onclick=" saveStorage ();" ></td>
        </tr>
</table>
<hr>
<p>查询:
    <input type=" text" id=" find" >
    <input type=" button" value=" 按姓名查询" onclick=" findStorage ('msg');" >
</p>
<p id=" msg" ></p>
</body>
```

其运行效果如图 9.3 所示。

图 9.3　JSON 数据存数实例

9.2　本地数据库

9.2.1　Web SQL 数据库简介

Web SQL 数据库是存储和访问数据的另一种方式。从其名称可以看出，这是一个真正的数据库，可以查询和加入结果。在 HTML5 中，Web SQL 大大丰富了客户端本地可以存储的内容，添加了很多功能，将原本必须要保存在服务器上的数据转为保存在客户端本地，从而大大提高了 Web 应用程序的性能，减轻了服务器端的负担。

其中一项非常重要的功能就是数据库的本地存储功能。在 HTML4 中，数据库只能放在服务器端，用户只能通过服务器来访问数据库，但是在 HTML5 中，用户可以像访问本地文件那样轻松地对内置数据库进行直接访问。

9.2.2 使用 Web SQL Database API

1. 打开和创建数据库

初次打开一个数据库，就会自动创建一个数据库。在任何时间，该域只能拥有指定数据库的一个版本。打开和创建数据库必须使用 openDatabase 方法来创建一个访问数据库的对象。该方法的使用方法如下：

```
var db = openDatabase ('db', '1.0', 'first database', 2* 1024* 1024);
```

该方法使用 4 个参数，第一个参数为数据库名，第二个参数为版本号，第三个参数为对数据库的描述，第四个参数为数据库的大小。该方法返回创建后的数据库访问对象，如果该数据库不存在，则创建该数据库。

为了确保应用程序有效，应该检测对 Web SQL 数据库 API 的支持，还应该测试浏览器对数据库的支持。测试代码如下：

```
var db;
if (window.openDatabase) {
        db = openDatabase ('mydb', '1.0', 'My first database', 2* 1024* 1024);
}
```

2. 创建数据表

实际访问数据库的时候，还需要使用 transaction 方法，以执行事务处理。使用事务处理，可以防止在对数据库访问时或数据库在执行相关操作时受到外界的干扰。因为在 Web 上会有许多人同时对页面进行访问，如果在访问数据库的过程中，正在操作的数据被别的用户修改掉的话，会引起很多意想不到的后果。因此可以使用事务处理（transaction）来达到在数据库操作完成之前，阻止别的用户访问数据库。

transaction 的使用方法如下：

```
db.transaction (function (tx) {
        tx.executeSql ('CREATE TABLE tweets (id, date, tweet) ');
};
```

transaction 方法使用一个回调函数为参数。在这个函数中，执行访问数据库的语句。

要创建数据表（以及数据库上的任何其他事务），必须启动一个数据库"事务"，并且在回调中创建该表。事务回调接受一个参数，其中包含了事务对象，这就是允许运行 SQL 语句并且运 executeSql 方法（在下面的例子中，就是 tx）的内容。这通过使用从 openDatabase 返回的数据库对象来完成，这种调用事务的方法如下：

```
var db;
if (window.openDatabase) {
        db = openDatabase ('mydb', '1.0', 'My first database', 2*
1024* 1024);
        db.transaction (function (tx)) {
        tx.executeSql ('CREATE TABLE tweets (id, date, tweet) ');
        };
}
```

3. 插入和查询数据

transaction 回调函数使用了作为参数传递给回调函数 transaction 对象的 executeSql 方法。executeSql 方法的完整定义如下：

```
transaction.executeSql (sqlquery, [], dataHandler, errorHandler);
```

（1）第一个参数为需要执行的 SQL 语句。

（2）第二个参数为 SQL 语句中所有使用到的参数的数组。在 executeSql 方法中，将 SQL 语句所要使用到的参数先用"?"代替，然后依次将这些参数组成数组放在第二个参数中，代码如下：

```
transaction.executeSql (" UPDATE user set age =? where name
=?;", [age, name]);
```

（3）第三个参数为执行 SQL 语句成功时调用的回调函数。该回调函数的传递方法如下：

```
function dataHandler (transaction, results) {//执行 SQL 语句成功时的处理}
```

该回调函数使用两个参数，第一个参数为 transaction 对象，第二个参数为执行查询操作时返回的查询到的结果数据集对象。

（4）第四个参数为执行 SQL 语句出错时调用的回调函数。该回调函数的传递方法如下：

```
function errorHandler (transaction, errmsg) {//执行 SQL 语句出错时的处理};
```

该回调函数使用两个参数，第一个参数为 transaction 对象，第二个参数为执行发生错误时的错误信息文字。

9.2.3 本地数据库应用实例——用户登录

在下面的实例中，以户登录界面作为实例，来看一下具体如何对本地数据库进行简单操作。在页面中输入用户名和密码，单击"登录"按钮，登录成功后，用户名、密码以及登录时间将显示在页面上，单击"注销"按钮，将清除已经登录的用户名、密码以及登录时间。

以下是本例的代码：

```
<!DOCTYPE html>
<head>
<meta charset="UTF-8">
<title>使用HTML5本地数据库DEMO</title>
<script type="text/javascript" src="js/operateDB.js"></script>
</head>

<body onload="init();">
<h1>使用HTML5本地数据库DEMO</h1>
<table>
    <tr><td>姓名：</td><td><input type="text" id="name"></td></tr>
    <tr><td>资料：</td><td><input type="text" id="info"></td></tr>
    <tr>
        <td></td>
        <td><input type="button" value="保存" onclick="saveData();"></td>
    </tr>
</table>
<hr>
<table id="datatable" border="1"></table>
<p id="msg"></p>
</body>
```

js文件如下：

//javascript封装了许多方法，比如保存数据到数据库，更新，同步下方的列表等。

```js
/*
 * This file is confidential by Charles.Wang Copyright belongs to Charles.wang
 * You can make contact with Charles.Wang (charles_wang888@126.com)
 */

//这个是下方的表格元素
var datatable = null;

//创建一个数据库对象
//4个参数分别是数据库名，版本号，数据库的描述，数据库大小
var db = openDatabase('MyData', '', 'My Database', 102400);

//init()方法，用于页面下方表格元素的引用，并且显示所有的数据库记录
function init() {
    //取得下方的表格元素，并且赋值给全局变量
    datatable = document.getElementById("datatable");

    //显示所有已经在数据库中存储的记录
    showAllData();
}

//removeAllData()方法，用于移除所有的表格中的当前显示数据（它并不去除数据库记录）
function removeAllData() {
    //首先，它将<table>下面的所有子元素全部清除
    //所以，这里它对于datatable组件进行遍历
    for (var i = datatable.childNodes.length - 1; i >= 0; i--) {
        datatable.removeChild(datatable.childNodes(i));
    }

    //全部去除之后，现在需要显示这个表头部分<tr>里面有多个<th>
    //创建表头行到文档树中
    var tr = document.createElement('tr');
    //表头行的第一个表头
```

```javascript
            var th1 = document.createElement ('th');
            //表头行的第二个表头
            var th2 = document.createElement ('th');
            //表头行的第三个表头
            var th3 = document.createElement ('th');
            //设置这3个表头的文本
            th1.innerHTML = " 姓名";
            th2.innerHTML = " 资料";
            th3.innerHTML = " 时间";
            //将这些表头依次放在表头行中
            tr.appendChild (th1);
            tr.appendChild (th2);
            tr.appendChild (th3);
            //将这个新创建的表头行挂到表格中
            datatable.appendChild (tr);
        }
        //构建指定数据库行的数据对应的HTML文本。传入参数：数据库结果集中的某一行记录
        function showData (row) {
            //构建一个表行用于取得当前所要的信息
            var tr = document.createElement ('tr');
            //创建第一列，这一列是姓名
            var td1 = document.createElement ('td');
            //填充第一列的信息为该行的name
            td1.innerHTML = row.name;
            //创建第二列，这一列是留言
            var td2 = document.createElement ('td');
            //填充第一列的信息为该行的message
            td2.innerHTML = row.info;
            //创建第三列，这一列是日期
            var td3 = document.createElement ('td');
            //创建一个日期对象
            var t = new Date ();
            t.setTime (row.time);
            //将日期的标准形式和国际化日期形式分别设置给当前列
            td3.innerHTML = t.toLocaleString () + "" + t.toLocaleTimeString ();
```

```javascript
        //把这三列挂到当前行中
        tr.appendChild (td1);
        tr.appendChild (td2);
        tr.appendChild (td3);
        //让这个表格在后面加上这一行
        datatable.appendChild (tr);
    }

    //这个函数用于显示所有的行到表格中,这些行是从数据库中拿出来的
    function showAllData () {
    //开启 SQLite 数据库事务,它用一个回调函数作为参数表明要执行的语句
        db.transaction (function (tx) {
        //首先它创建一个数据库表,里面有 3 个字段
        tx.executeSql ('CREATE TABLE IF NOT EXISTS InfoData (name TEXT, info TEXT, time INTEGER) ', [J]);
        //创建一个查询语句用来查询数据库表的所有记录(这个由于是所有查询,所以不需要预编译语句和参数(第二个参数))
        //然后定义了一个回调函数,表明对于结果集的处理
        tx.executeSql ('SELECT* FROM InfoData', [], function (tx, rs) {

            //对于结果集,首先,在获取它之前移除页面上的 <table> 的所有数据
            removeAllData ();
            //遍历结果集,对于每一行,依次调用 showData 来在 table 上创建对于的 html 文本
            for (var i=0; i<rs.rows.length; i++) {
                //对于 item (i),也就是某一行记录,我们显示其内容到页面的表格中(构建对应的 HTML 片段)
                showData (rs.rows.item (i));
            }
        });
    }
    );
    }

    //这个函数用于添加一条记录到数据库中,这些信息有些是从页面获得的,有
```

些是系统生成的。

```
function addData (name, info, time) {
    //开启一个数据库事务
    //回调函数是一个有参数的插入语句,可以看到我们插入到表 InfoData 中,插入的内容也就是参数传递进来的内容
    db.transaction (function (tx) {
            //插入的语句是个模板语句
        //插入成功的回调就是在控制台上输入一行日志
        tx.executeSql (' INSERT INTO InfoData VALUES (?,?,?) ', [name, info, time], function (tx, rs) {
            console.log (" 成功保存数据!");
        },
        //插入失败的回调就是在控制台上输入一行错误日志
        function (tx, error) {
            console.log (error.source + "::" + error.message);
        });
    }
    );
}
//保存用户的当前输入,这个是作为点击页面上"保存"按钮的事件处理函数
function saveData () {
    //从 HTML 页面中取得 2 个输入框的文本
    var name = document.getElementById ('name') .value;
    var info = document.getElementById ('info') .value;
    //得到当前的系统时间 www.2cto.com
    var time = new Date () .getTime ();
    //将用户名,用户信息,当前时间存到数据库中
    addData (name, info, time);
    //更新下方 <p id=" msg" > 的表格显示
    showAllData ();
}
```

其运行结果如图 9.4 所示。

9.3 小结

本章主要介绍了关于本地存储的两个重要内容——Web Storage 与本地数据

库。本地数据库是 HTML5 新增的一个功能。本章讲解了本地数据库的创建与各种操作，并通过多个应用案例具体讲解各种操作。学完本章，读者会对本地数据库有一个初步的了解。

图 9.4 本地数据库实例

习 题

一、选择题

1. 下面支持本地数据库的浏览器是（ ）。

   A. IE 8　　　B. Firefox 3.0　　　C. Chrome　　　D. 以上都支持

2. 下面的代码中，打开和创建本地数据库的是（ ）。

   A. context.arc（100，100，75，0，Math.PI*2，false）；

   B. vardb = openDatabase（，db'，，1.0，，，firstdatabase'，2*1024'1024）；

   C. tx.executeSql（，CREATETABLEtweets（jd，date，tweet）'）；

   D. 以上都不正确

二、判断题

sessionStorage 为永久保存。　　　　　　　　　　　　　　　　　　　（　　）

三、填空题

1. WebStorage 分为＿＿＿＿和＿＿＿＿两种。

2. ＿＿＿＿格式是 JavaScriptObjectNotation 的缩写，是将 JavaScript 中的对象作为文本形式身保存时使用的一种格式。

第 10 章 离线 Web 应用

HTML5 提供了一个供本地缓存使用的 API，提供 Web 应用服务。离线 Web 应用是指当客户端与 Web 应用的服务器没有建立连接时，也能正常在客户端本地使用 Web 应用程序进行有关的操作。

10.1 离线 Web 应用概述

10.1.1 离线 Web 应用的基本知识

在 Web 应用中使用缓存的原因之一是为了支持离线应用。离线应用有很好的使用价值，特别是当无法上网的时候，如火车过隧道、乘坐飞机或无线设备的信号出现故障时等。

如果应用程序只需要偶尔进行网络通信，应用资源在本地，则离线应用变得很重要。随着完全依赖浏览器的设备出现，Web 应用程序在不稳定的网络环境下持续工作变得可行。HTML5 缓存机制综合了 Web 应用和桌面应用的优势，基于 Web 技术构建的 Web 应用程序可在浏览器中运行并在线更新，也可在脱机状态下使用。但是，目前的 Web 服务器不为脱机应用程序提供任何默认的缓存行为，所以要想使用这一新的离线应用功能，必须在应用中明确声明。

HTML5 的离线应用缓存使得用户可在无网络连接的情况下运行应用程序，这类应用程序的用处很多。

离线应用的场景很多：如阅读和撰写电子邮件、编辑文档、编辑和展示演示文稿、创建代办事件列表等。开发人员可以指定具体哪些资源（如 HTML、CSS、JavaScript 和图像）可以脱机使用。

使用离线存储，可避免加载应用程序时常规的网络请求。如果缓存清单文件是最新的，浏览器就无须检查其他资源是否是最新的。大部分应用程序可以非常迅速地从本地缓存中加载完成。从缓存中加载资源可以节省带宽。

缓存清单文件中标识的资源构成了应用缓存，是浏览器持久存储资源的地方，通常在硬盘上。有些浏览器向用户提供了查看应用程序缓存的方法，如最新版的 Firefox，其"about：cache"页面会显示应用程序缓存的详细信息，提供查看缓存中每个文件的方法，如图 10.1 所示。

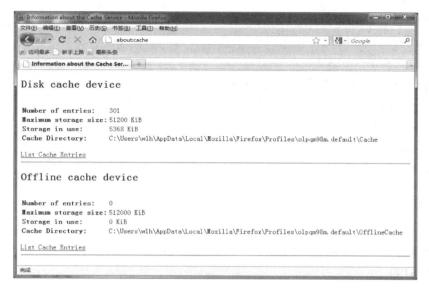

图 10.1　查看浏览器缓存

10.1.2　本地缓存和浏览器网页缓存的区别

应用程序的本地缓存与浏览器网页缓存有许多方面的区别：

本地缓存是为整个 Web 应用程序服务的，而浏览器的网页缓存只为单个网页服务。任何网页都有网页缓存，而本地缓存指缓存那些指定需要缓存的网页。

网页缓存是不安全、不可靠的，用户不知道网站中到底缓存了哪些网页以及哪些资源。而本地缓存是可靠的，用户可以控制对哪些内容进行缓存、不对哪些内容进行缓存，还可以编程来控制缓存的更新，利用缓存对象的各种属性、状态和事件，使得应用程序更加强大。

10.2　创建 HTML5 离线应用

10.2.1　缓存清单（manifest）

Web 应用程序的本地缓存是通过每个页面的 manifest 文件来管理的。manifest

文件是一个简单的文本文件，该文件以清单的形式列举了需要被缓存或不需要被缓存的资源文件的文件名称，以及这些资源文件的访问路径。可以对每一个页面单独指定一个 manifest 文件，也可以对整个 Web 应用程序指定一个总的 manifest 文件。

下面是一个 manifest 实例文件：

```
CACHE MANIFEST
#文件的开头必须要书写 CACHE MANIFEST
#这个 manifest 文件的版本号
#version 9
CACHE:
other.html
mr.js
images/mrphoto.jpg
NETWORK:
http://192.168.1.96:82/mr
mr.php
*
FALLBACK:
online.js locale.js
CACHE:
newmr.html
newmr.js
```

在 manifest 文件中，第一行"CACHE MANIFEST"，把本文件的作用告知浏览器，设置本地缓存中的资源。注释行以"#"开头，注释前面可以有空格，但必须单独成行。manifest 文件最好加上版本号。更新 manifest 文件时一般也会对版本号更新。

manifest 文件指定资源文件，文件路径可以是绝对路径，也可以是相对路径，指定时每个资源文件为一行。资源一般分为 3 类，分别是 CACHE、NETWORK、FALLBACK。

（1）CACHE 类：指定别缓存在本地的资源文件。为某个页面指定需要本地缓存的资源文件时，不需要把这个页面本身指定在 CACHE 类别中，因为如果一个页面具有 manifest 文件，浏览器会自动为这个页面进行本地缓存。

（2）NETWORK 类：指定不进行本地缓存的资源文件，这些资源文件只有当客户端和服务器建立连接的时候才能访问。本实例该类别中"*"为通配符，表示没有在本 manifest 文件中指定的资源文件都不进行本地缓存。

（3）FALLBACK 类：该类别中每行指定两个资源文件，第一个资源文件为能够在线访问时使用的资源文件，第二个资源文件为不能在线访问时使用的备用资源文件。

每个类别都是可选的，但是如果文件的开头没有指定类别而是直接书写资源文件的时候，浏览器把这些资源视为 CACHE 类别，直到看见文件中第一个写出来的类别为止。例如在下面的例子中，浏览器会把 NETWOK 类别前的文件都视为 CACHE 类的。

```
CACHE MANIFEST
#此处没有写明 CACHE 类别
Other.html
Mr.js
Images/mrphoto.jpg
NETWORK:
http://192.168.1.96:82/mr
mr.php
```

允许在同一个 manifest 文件中重复书写同一类别，如下面的清单：

```
CACHE MANIFEST
CACHE:
Other.html
Mr.js
NETWORK:
http://192.168.1.96:82/mr
mr.php
CACHE:
Images/mrphoto.jpg
```

10.2.2 配置 IIS 服务器

在应用程序完全离线之前，还需要正确地提供清单文件。清单文件必须有扩展名 .manifest 和正确的 mime-type。

如果使用 Apache 这样的 Web 服务器，需要在 Apache 中找到 AppServ/Apache2.2/conf 文件夹中的 mine.types 文件并向其添加如下内容：

text/cache-manifest manifest

这使用户在请求任何扩展名为 .manifest 的文件时，Apache 将发送 text/cache-manifest 文件头部。

在微软的 IIS 服务器中按下列步骤配置：

（1）右键选择默认网站或需要添加类型的网站，弹出属性对话框。
（2）选择"HTTP 头"标签。
（3）在 MIME 映射下，单击文件类型按钮。
（4）在打开的 MIME 类型对话框中单击"新建"按钮。
（5）在关联扩展名文本框中输入"manifest"，在内容类型文本框中输入"text/cache-manifest"，然后单击"确定"按钮。

10.2.3 浏览器缓存清单

为了让浏览器能够正常阅读该文本文件，需要在 Web 应用程序页面上〈html〉标签的 manifest 属性中指定 manifest 文件的 URL 地址。指定方法如下：

```
<!--可以为每个页面单独指定一个 manifest 文件--!>
<html manifest=" mr.manifest" >
…
</html>
<!--也可以为整个 Web 应用程序指定一个总的 manifest 文件--!>
<html manifest=" mrsoft.manifest" >
…
</html>
```

将资源文件保存到本地缓存区的基本操作如上。当要对本地缓存区的内容进行修改时，只要修改 manifest 文件就可以，修改文件后，浏览器自动检查 manifest 文件，自动更新本地缓存区中的内容。

10.3 浏览器与服务器的交互过程

当使用离线应用时，浏览器与服务器之间的通信过程很有用。例如一个网站以 index.html 为主页，该主页使用 index.manifest 文件为 manifest 文件，在该文件中请求缓存 index.html、mr.js、mr1.jpg、mr2.jpg 等文件。首次访问该网站时，其交互过程如下：

（1）浏览器请求访问网站。
（2）服务器返回请求网页，如 index.html。
（3）浏览器解析网页，请求页面上的所有资源文件，包括 HTML 文件、图像文件、CSS 文件、JS 文件以及 manifest 文件。
（4）服务器返回所有资源文件。

（5）浏览器处理 manifest 文件，请求 manifest 中所有要求本地缓存的文件，包括 index.html 页面本身，即使刚才已经请求过这些文件。如果要求本地缓存所有文件，这将是一个比较大的重复的请求过程。

（6）服务器返回所有要求本地缓存的文件。

（7）浏览器对本地缓存进行更新，存入包括页面本身在内的所有要求本地缓存的资源文件，并且触发一个事件，通知本地缓存被更新。

现在浏览器已经把本地缓存更新完毕，如果再次打开浏览器访问该网站，而且 manifest 文件没有被修改过，它们的交互过程如下：

（1）浏览器再次请求访问网站。

（2）浏览器发现这个页面被本地缓存，于是使用本地缓存中的 index.html 页面。

（3）浏览器解析 index.html 页面，使用所有本地缓存中的资源文件。

（4）浏览器向服务器请求 manifest 文件。

（5）服务器返回一个 304 代码，通知浏览器 manifest 没有发生变化。

只要页面上的资源文件被本地缓存过，下次浏览器打开这个页面时，总是先使用本地缓存中的资源，然后请求 manifest 文件。

如果再次打开浏览器时，manifest 文件已经被更新过了，那么浏览器与服务器之间的交互过程如下：

（1）浏览器再次请求访问网站。

（2）浏览器发现这个页面被本地缓存，于是使用本地缓存中的 index.html 页面。

（3）浏览器解析 index.html 页面，使用所有本地缓存中的资源文件。

（4）浏览器向服务器请求 manifest 文件。

（5）服务器返回更新过的 manifest 文件。

（6）浏览器处理 manifest 文件，发现该文件已被更新，于是请求所有要求进行本地缓存的资源文件，包括 index.html 页面本身。

（7）服务器返回要求进行本地缓存的资源文件。

（8）浏览器对本地缓存进行更新，存入所有新的资源文件，并且触发一个事件，通知本地缓存被更新。

需要注意的是，即使资源文件被修改过了，在上面的第三步中已经装入的资源文件是不会发生变化的，例如图片不会突然变成新的图片，脚本文件也不会突然使用新的脚本文件。也就是说，这时更新过的本地缓存中的内容还不能被使用，只有重新打开这个页面的时候才会使用更新过后的资源文件。另外，如果不想修改 manifest 文件中对资源文件的设置，但是对服务器上请求缓存的资源文件进行了修改，那么可以通过修改版本号的方式来让浏览器认为 manifest 文件已经被更新过了，以便重新下载修改过的资源文件。

10.4 applicationCache 对象

applicationCache 对象代表本地缓存,可以用它来通知用户本地缓存中已经被更新,也允许用户手工更新本地缓存。在浏览器与服务器的交互过程中,当浏览器对本地缓存进行更新,加入新的资源文件时,会触发 applicationCache 对象的 updateready 事件,通知本地缓存已经被更新。可以利用该事件告诉用户本地缓存已经被更新,用户需要手工刷新页面来得到最新版本的应用程序,代码如下:

```
applicationCache.addEventListener (" updateready", function (event) {
//本地缓存已被更新,通知用户。
alert (" 本地缓存已被更新,可以刷新页面来得到本程序的最新版本。");
}, false);
```

另外可以通过 applicationCache 对象的 swapCache () 方法来控制如何本地缓存的更新及进行更新的时机。

10.4.1 swapCache 方法

该方法用来手工执行本地缓存的更新,它只能在 applicationCache 对象的 updateReady 事件被触发时调用,updateReady 事件只有在服务器上的 manifest 文件被更新,并且把 manifest 文件中所要求的资源文件下载到本地后触发。该事件的含义是"本地缓存准备被更新"。当这个事件被触发后,可以用 swapCache () 方法来手工进行本地缓存的更新。

当本地缓存的容量非常大,本地缓存的更新工作将需要相对较长的时间,而且还会把浏览器锁住。这时最好有个提示,告诉用户正在进行本地缓存的更新,代码如下:

```
applicationCache.addEventListener (" updateready", function (event) {
//本地缓存已被更新,通知用户。
alert (" 正在更新本地缓存……");
applicationCache.swapCache ();
alert (" 本地缓存更新完毕,可以刷新页面使用最新版应用程序。");
}, false);
```

在以上代码中,如果不使用 swapCache () 方法,本地缓存一样会被更新,但是更新的时间不一样。如果不调用该方法，本地缓存将在下一次打开本页面时被更新；如果调用该方法，则本地缓存将会被立刻更新。因此，可以使用 confirm（）方法让用户选择更新的时机，是立刻更新还是下次打开页面时更新，特别是当用户可能正在页面上执行一个较大的操作的时候。

另外，尽管使用 swapCache（）方法立刻更新了本地缓存，但是这并不意味着页面上的图像和脚本文件也会被立刻更新，它们都是在重新打开本页面时才会生效。较完整的实例如下：

HTML 页面代码：

```html
<!DOCTYPE html>
<html manifest="swapCache.manifest">
<head>
    <meta charset="UTF-8" />
    <Vtitle>swapCache() 方法实例</title>
    <script type="text/javascript" src="js/script.js"></script>
</head>
<body>
    <p>swapCache() 方法实例。</p>
</body>
</html>
```

以上页面所使用的脚本文件代码如下：

```javascript
document.addEventListener("load", function (event) {
    setInterval (function () {
        //手工检查是否有更新
        applicationCache.update ();
    }, 5000);
    applicationCache.addEventListener ("updateready", function (event) {
        if (confirm ("本地缓存已被更新，需要刷新页面获取最新版本吗?")) {
            // (3) 手工更新本地缓存
            applicationCache.swapCache ();
            //重载页面
            location.reload ();
        }
```

```
        }, false);
});
```

该页面使用的 manifest 文件内容如下：

```
CACHE MANIFEST
#version 1.20
CACHE:
script.js
```

其运行结果如图 10.2 和图 10.3 所示。

路径	
首选项	C:\Users\wlh\AppData\Roaming\Opera\Opera\operaprefs.ini
已存会话	C:\Users\wlh\AppData\Roaming\Opera\Opera\sessions\autopera.win
书签	C:\Users\wlh\AppData\Roaming\Opera\Opera\bookmarks.adr
Opera 目录	C:\Users\wlh\AppData\Roaming\Opera\Opera
缓存	C:\Users\wlh\AppData\Local\Opera\Opera\cache
帮助文档	C:\Users\wlh\AppData\Local\Opera\Opera\opcache
邮件目录	C:\Users\wlh\AppData\Local\Opera\Opera\mail
插件路径	C:\Program Files (x86)\Opera\program\plugins

图 10.2 浏览器缓存情况

图 10.3 swapCache 方法实例

10.4.2 applicationCache 对象的事件

ApplicationCache 对象除了有 update 方法与 swapCache 方法外，还有一系列的事件。下面通过浏览器与服务器的交互过程来看看这些事件是如何被触发的。

首次访问网站时,事件被触发的过程如下:

(1) 浏览器请求访问网站。

(2) 服务器返回请求网页,例如 index.html。

(3) 浏览器发现该网页具有 manifest 属性,触发 checking 事件,检查 manifest 文件是否存在。不存在时,触发 error 事件,表示未找到 manifest 文件,不执行步骤(6)。

(4) 浏览器解析 index.html 网页,请求页面上的所有资源文件。

(5) 服务器返回所有资源文件。

(6) 浏览器处理 manifest 文件,请求 manifest 中所有要求本地缓存的文件,包括 index.html 页面本身,即使刚才已经请求过该文件。如果要求本地缓存所有文件,这将是一个比较大的重复的请求过程;

(7) 服务器返回所有要求本地缓存的文件。

(8) 浏览器触发 downloading 事件,然后开始下载这些资源。在下载的同时,周期性地触发 progress 事件,开发人员可以用编程的手段获取多少文件已被下载,多少文件仍然处于下载队列等信息。

(9) 下载结束后触发 checked 事件,表示首次缓存成功,存入所有要求本地缓存的资源文件。

再次访问网站,步骤(1)~(5) 同上,在步骤(5) 执行完之后,浏览器将核对 manifest 文件是否被更新,若没有被更新,则触发 noupdate 事件,步骤(6) 开始的交互过程不会被执行。如果它被更新了,将继续执行后面的步骤,在步骤(9) 中不触发 checked 事件,而是触发 updateready 事件,这表示下载结束,可以通过刷新页面来使用更新后的本地缓存,或调用 swapCache() 方法来立刻使用更新后的本地缓存。

另外,在访问缓存名单时如果返回一个 HTTP404 错误(页面未找到)或者 401 错误(永久消失),则触发 obsolete 事件。

在整个过程中,如果任何与本地缓存有关的处理发生错误的话,它们都会触发 error 事件。可能会触发 error 事件的情况分为以下几种:

(1) 缓存名单返回一个 HTTP404 错误或 HTTP401 错误;

(2) 缓存名单被找到且没有被更改,但引用缓存名单的 HTML 页面不能正确下载;

(3) 缓存名单被找到且被更改,但浏览器不能下载某个缓存名单中列出的资源;

(4) 开始更新本地缓存时,缓存名单再次被更改。

下面是一个完整的使用 swapCache 方法的实例。在该实例中,使用到了 applicationCache 对象的另一个方法 applicationCache.update,该方法的作用是检查服务器上的 manifest 文件是否被更新。在打开画面时设定了 3 秒钟执行一次该方法，检查服务器上的 manifest 文件是否被更新。如果被更新，浏览器会自动下载 manifest 文件中所有请求本地缓存的资源文件，当这些资源文件下载完毕时，会触发 updateReady 事件，询问用户是否立刻刷新页面以使用最新版本的应用程序，如果用户选择立刻刷新，则调用 swapCache 方法手工更新本地缓存，更新完毕后刷新页面。程序代码如下：

```html
<!DOCTYPE HTML>
<html manifest="applicationCacheEvent.manifest">
<head>
<meta charset="UTF-8">
<title>applicationCache 事件流程实例</title>
<script>
function drow()
{
    var msg = document.getElementById("mr");
    applicationCache.addEventListener("checking", function () {
        mr.innerHTML += "checking<br/>";
    }, true);
    applicationCache.addEventListener("noupdate", function () {
        mr.innerHTML += "noupdate<br/>";
    }, true);
    applicationCache.addEventListener("downloading", function () {
        mr.innerHTML += "downloading<br/>";
    }, true);
    applicationCache.addEventListener("progress", function () {
        mr.innerHTML += "progress<br/>";
    }, true);
    applicationCache.addEventListener("updateready", function () {
        mr.innerHTML += "updateready<br/>";
    }, true);
    applicationCache.addEventListener("cached", function () {
        mr.innerHTML += "cached<br/>";
    }, true);
    applicationCache.addEventListener("error", function () {
        mr.innerHTML += "error<br/>";
    }, true);
}
```

```
</script>
</head>
<body onload = " drow ()" >
<h1 >applicationCache 事件流程实例</h1 >
<p id = " mr" ></p >
</body>
</html>
```

其运行结果如图 10.4 所示。

图 10.4　applicationCache 事件流程实例

10.5　小结

以前，当用户没有连接到 Internet 时，Web 站点往往无法工作。如今浏览器已经开始支持离线操作。本章以实际案例的形式展示了如何让 Web 应用程序在没有 Web 的时候也能工作。读者通过本章的学习能详细地了解 HTML5 离线的应用。

习　题

一、选择题

1. 在 manifest 文件中，第一行必须是（　　）。
　　A. 空的　　　B. CACHE　　　C. NETWORK　　　D. CACHEMANIFEST
2. HTML5 规定 manifest 文件的 MIME 类型是（　　）。
　　A. text/cache-text　　　　　　B. text/cache-manifest
　　C. text/cache-types　　　　　 D. 以上都可以
3. 在 manifest 文件中，可以加上注释进行一些必要的说明或解释，注释行以
　　（　　）文字开头。
　　A. #　　　　　　　　　　　　B. *
　　C. //　　　　　　　　　　　　D. 以上都不是

4. 在（　　）类别中指定需要被缓存在本地的资源文件。
   A. NETWORK   B. CACHE
   C. CACHEMANIFEST   D. FALLBACK

二、判断题

可以为每一个页面单独指定一个 manifest 文件，也可以对整个 Web 应用程序指定一个总的 manifest 文件。　　　　　　　　　　　　　　　　（　　）

第 11 章
Web Worker 处理线程

用户可以使用 Web Worker 来实现 Web 平台上的多线程处理。通过 Web Worker，可创建一个不影响前台处理的后台线程，并在后台线程中创建多个子线程。通过 Web Worker，可以将耗时较长的处理交给后台线程去运行，解决了 HTML5 之前因为耗时过长，用户不得不结束处理的尴尬状况。

11.1　Web Worker 概述

11.1.1　创建和使用 Web Worker

Web Worker 是 HTML5 中新增的，是用来在 Web 应用程序中实现后台处理的一项技术。使用这个 API 可以很容易地创建在后台运行的线程（worker），如果将耗时的处理交给后台去运行，其对用户在前台页面中的操作就没有影响了。

创建后台线程的步骤很简单。只要在 Worker 类的构造器中将需要在后台线程中执行的脚本文件的 URL 作为参数，创建 Worker 对象就可以了：

var worker = new Worker（"worker.js"）；

注意：后台线程不能访问页面和窗口对象。

另外，提供发送和接收消息来与后台线程互相传递数据。提供 Worker 对象的 onmessage 事件句柄可以在后台线程之中接收消息，使用方法如下：

worker.onmessage = function（event）{

　　//处理接收的消息

}, false;

使用 Worker 对象的 postMessage（）方法可对后台线程发送消息，发送的消息可以是文本数据，也可以是任何 JavaScript 对象。

同样，通过获取 Worker 对象的 onmessage 事件句柄及 postMessage（）方法，可在后台线程内部进行消息的接收和发送。Web Worker 的操作流程如图 11.1 所示。

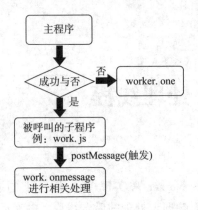

图 11.1　WebWorker 的操作流程

11.1.2　Web Worker 应用实例——求和运算

下面来看一个使用后台线程的实例。本实例中，放置了两个文本框，即初始文本框与终极文本框，当用户在该两个文本框中输入数字，然后单击旁边的"计算"按钮时，后台将进行从初始文本框中输入的值到终极文本框中输入的值之间的所有数值的求和运算。假如在初始文本框中输入数字 2，在终极文本框中输入数字 4，则执行的运算就是 2＋3＋4。若在初始文本框中输入的值大于终极文本框中的值，则弹出"提交的运算不符合要求"的提示。

网页文件的代码如下：

```
<!DOCTYPE html>
<head>
<meta charset="UTF-8">
<script type="text/javascript">
//创建执行运算的线程
var worker=new Worker("kwb.js");
//接收从线程中传出的计算结果
worker.onmessage=function(event)
{
    //消息文本放置在 data 属性中，可以是任何 JavaScript 对象.
    alert("合计值为"+event.data+"。");
};
function kwb()
{
    //获取文本框的值
```

```
            var num1 = parseInt (document.getElementById (" num1") .value);
            var num = parseInt (document.getElementById (" num") .value);
        //对2个文本框提交的值进行判断
        if (num < num1) {
                alert ('提交的运算不符合要求');
                return false;
        }
        //将获取的文本框的值用@拼接成字符串
        var subs = num1 + '@ ' + num;
        //将数值传给线程
        worker.postMessage (subs);
}
</script>
</head>
<body>
<h1>对给定2个数字之间所有数值的计算</h1>
<hr color = " #FF0000" > <br >
初始数值：< input type = " text1" id = " num1" > <br > <br >
终极数值：< input type = " text" id = " num" > <br > <br >
               
<button onclick = " kwb ()" >计算</button >
</body>
```

kwb.js文件的代码如下：

```
onmessage = function (event) {
    var num = event.data;
        var intarray = num.split ('@ '); //返回字符串中数字分隔符为@
        var result = 0;
    for (var i = parseInt (intarray [0]); i < = intarray [1]; i + +)
{   //执行求和运算
        result + = i;
    }
        postMessage (result); //返回运算结果拼接成的字符串
}
```

其运行结果如图11.2所示。

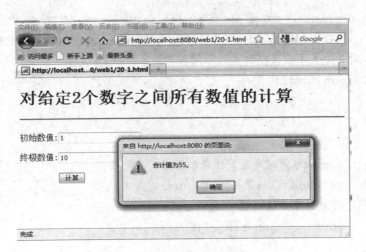

图 11.2 应用 Web Worker 实现求和运算

11.2 线程嵌套

11.2.1 单层嵌套

线程可以嵌套子线程,这样就可以把一个较大的后台线程切分成几个子线程,每个子线程各自完成相对独立的一部分工作。

下面通过一个实例来演示一下单层嵌套,在该实例中随机生成了一个整数的数组,并把生成随机数组的工作也放到后台线程中,然后使用一个子线程在随机数组中挑选可以被 5 整除的数字。最后,在一个表格中输出可以被 5 整除的数字,并且把输出的既能被 5 整除也能被 2 整除的数字的单元格在表格中进行描红处理。同时本实例对数组的传递以及挑选结果的传递均采用 JSON 对象来进行转换,以验证是否能在线程之间进行 Javascript 对象的传递工作。

HTML5 页面的代码如下:

```
<!DOCTYPE html>
<head>
<meta charset="UTF-8">
<script type="text/javascript">
var worker = new Worker("script.js");
worker.postMessage("");
//从线程中取得计算结果
```

```javascript
worker.onmessage = function (event) {
    if (event.data! ="")
    {
        var j;    //行号
        var k;    //列号
        var tr;
        var td;
        var intArray = event.data.split (";");
        var table = document.getElementById (" table");
        for (var i = 0; i < intArray.length; i + +)
        {
            j = parseInt (i/10, 0);
            k = i% 10;
            if (k = =0)     //该行不存在
            {
                //添加行
                tr = document.createElement (" tr");
                tr.id =" tr" +j;
                                    tr.style.backgroundColor =" orange";
                                    table.appendChild (tr);
            }
            else   //该行已存在
            {
                tr = document.getElementById (" tr" +j);
            }
            //添加列
            td = document.createElement (" td");
            tr.appendChild (td);
            //设置该列内容
            td.innerHTML = intArray [j* 10 + k];
            if ( (intArray [j* 10 + k])% 2 = =0) {
                            //设置该列背景色
                td.style.backgroundColor =" red";
            }
            //设置该列字体颜色
            td.style.color =" black";
```

```
                    //设置列宽
                    td.width=" 30";
                }
            }
        };
    </script>
</head>
<body>
<h1>从随机生成的数字中抽取5的倍数并显示实例</h1>
<table id=" table" >
</table>
</body>
```

1、后台线程主线程代码, script.js

```
onmessage=function (event) {
    var intArray=new Array (100);        //随机数组
    //生成100个随机数
    for (var i=0; i<100; i++)
        intArray [i] =parseInt (Math.random () * 100);
    var worker;
    //创建子线程
    worker=new Worker (" worker.js");
    //把随机数组提交给子线程进行挑选工作
    worker.postMessage (JSON.stringify (intArray));
    worker.onmessage=function (event) {
        //把挑选结果返回主页面
        postMessage (event.data);
    }
}
```

(3) 子线程代码, worker.js

```
onmessage=function (event) {
    //还原整数数组
    var intArray=JSON.parse (event.data);
    var returnStr;
    returnStr="";
    for (var i=0; i<intArray.length; i++)
    {
        //能否被5整除
```

```
        if (parseInt (intArray [i])% 5 = =0)
        {
            if (returnStr! ="")
                returnStr + =";";
            //将能被 5 整除的数字拼接成字符串
            returnStr + =intArray [i];
        }
    }
    //返回拼接字符串
    postMessage (returnStr);
    //关闭子线程
    close ();
}
```

其运行结果如图 11.3 所示。

图 11.3　线程的单层嵌套实例

11.2.2　在多个子线程中进行数据交互

要实现子线程与子线程之间的数据交互，大致需要以下几个步骤：
（1）先创建发送数据的子线程。
（2）执行子线程中的任务，然后把要传递的数据发送给主线程。
（3）在主线程接收到子线程传回来的消息时，创建接收数据的子线程，然后把发送数据的子线程中返回的消息传递给接收数据的子线程。
（4）执行接收数据子线程中的代码。

接下来看一个在多个子线程中进行数据交互的实例。本例与上节中实例实现的效果相同，同样是随机生成了一个整数的数组，把数组中能被5整除的数字以表格的形式输出，并且对输出的既能被5整除也能被2整除的数字的单元格进行描红处理。

(1) HTML5 页面代码如下：

```
<!DOCTYPE html>
<head>
<meta charset="UTF-8">
<script type="text/javascript">
var worker=new Worker("script.js");
worker.postMessage("");
//从线程中取得计算结果
worker.onmessage=function(event) {
    if (event.data!="")
    {
        var j;     //行号
        var k;     //列号
        var tr;
        var td;
        var intArray=event.data.split(";");
        var table=document.getElementById("table");
        for (var i=0; i<intArray.length; i++)
        {
            j=parseInt(i/10, 0);
            k=i%10;
            if (k==0)      //该行不存在
            {
                //添加行
                tr=document.createElement("tr");
                tr.id="tr"+j;
                                    tr.style.backgroundColor="orange";
                                    table.appendChild(tr);
            }
            else //该行已存在
            {
```

```
            tr = document.getElementById ("tr" + j);
        }
        //添加列
        td = document.createElement ("td");
        tr.appendChild (td);
        //设置该列内容
        td.innerHTML = intArray [j * 10 + k];
   if ( (intArray [j * 10 + k]) % 2 = =0) {
                     //设置该列背景色
        td.style.backgroundColor = "red";
               }
        //设置该列字体颜色
        td.style.color = "black";
        //设置列宽
        td.width = "30";
     }
   }
};
</script>
</head>
<body>
<h1>从随机生成的数字中抽取 5 的倍数并显示实例</h1>
<table id = "table" >
</table>
</body>
```

(2) 单独线程，创建随机数组，worker.js 代码如下：

```
onmessage = function (event) {
var intArray = new Array (100);
for (var i = 0; i < 100; i + +)
    intArray [i] = parseInt (Math.random () * 100);
postMessage (JSON.stringify (intArray));
close ();
}
```

(3) 主线程，script.js 代码如下：

```
onmessage = function (event) {
```

```javascript
var worker;
//创建发送数据的子线程
worker = new Worker (" worker1.js");
worker.postMessage ("");
worker.onmessage = function (event) {
    //接收子线程中数据,本实例中为创建好的随机数组
    var data = event.data;
    //创建接收数据子线程
    worker = new Worker (" worker2.js");
    //把从发送数据子线程中发回消息传递给接收数据的子线程
    worker.postMessage (data);
      worker.onmessage = function (event) {
        //获取接收数据子线程中传回数据,本实例中为挑选结果
         var data = event.data;
        //把挑选结果发送回主页面
        postMessage (data);
    }
  }
}
```

(4) 接收数据的子线程,worker2.js 代码如下:

```javascript
onmessage = function (event) {
    //还原整数数组
    var intArray = JSON.parse (event.data);
    var returnStr;
    returnStr = "";
    for (var i = 0; i < intArray.length; i + +)
    {
        //能否被 5 整除
    if (parseInt (intArray [i])% 5 = = 0)
    {
        if (returnStr! = "")
            returnStr + = ";";
        //将能被 5 整除的数字拼接成字符串
        returnStr + = intArray [i];
    }
    }
```

```
        } //返回拼接字符串
        } postMessage (returnStr);
        } //关闭子线程
        } close ();
}
```

其运行结果如图 11.4 所示。

图 11.4　使用多线程进行数据交互

11.3　跨文档消息通信

当人们谈论 Web 通信的时候，实际上谈论的是两个略有不同的系统：跨文档通信（cross-document messaging）和通道通信（channel messaging）。跨文档通信就是人们更为熟知的 HTML5 window.postMessage（）应用的那种通信；通道通信也被称为"MessageChannel"。伴随着 server-sent 事件以及 web sockets，跨文档通信和通道通信成为 HTML5 通信接口"套件"中的有用部分。

11.3.1　使用 postMessageAPI

要想接受从其他的窗口发过来的信息，就必须对窗口对象的 message 事件进行监视，监视的代码如下：

```
window.addEventListener (" message", function ( ) {...}, false);
```

可使用 window 对象的 postMessage 方法向其他窗口发送信息，该方法的定义如下：

otherWindow.postMessage (message, targetOrigin);

该方法使用两个参数。第一个参数为所发送的消息文本，但也可以是任何 JavaScript 对象（通过 JSON 转换对象为文本）；第二个参数为接收信息的对象窗口的 URL 地址（例如 http：//localhost：8080/）。可以在 URL 地址字符串中使用通配符"﹡"指定全部地址，但建议使用准确的 URL 地址。otherWindow 为要发送窗口对象的引用，可以通过 window. open 返回该对象，或通过对 window. iframes 数组指定序号（index）或名字的方式来返回单个 iframe 所属的窗口对象。

11.3.2 跨文档消息传输

为了更好地理解跨文档通信，下面编写一个实例，本实例实现主页面与子页面中框架之间的相互通信。

其步骤如下：

（1）建立两个虚拟主机，并分别在虚拟主机上建立网站。在同一台主机上通过 tomcat 建立 2 个以上的虚拟主机，方法为：

①修改 tomcat 下 conf 文件夹中的 server. xml（本例的路径为 D：\ Program Files \ Apache Software Foundation \ Tomcat 6.0 \ conf），将 host 标签修改为：

```
<Host name =" www.webapps1.com"
        appBase =""
        unpackWARs =" true"
        autoDeploy =" true"
        xmlValidation =" false"
        xmlNamespaceAware =" false" >
    <Context path =""
        docBase =" D：\ Program Files \ Apache Software Founda-
tion \ Tomcat 6.0 \ webapps1 \ ROOT"
        workDir =" F：\ myworkspace \ app1 \ WebRoot \ work"
        reloadable =" true" >
    </Context>
</Host>
    <Host  name =" www.webapps2.com"
                appBase =""
```

```
                                        unpackWARs = "true"
                                        autoDeploy = "true"
                                        xmlValidation = "false"
                                        xmlNamespaceAware = "false" >
                                        <Context path = ""
                docBase = "D：\ Program Files \ Apache Software Foundation \ Tomcat 6.0 \ webapps2 \ ROOT"
                                                workDir = "F：\ myworkspace \ app2 \ WebRoot \ work"
                                        reloadable = "true" >
                                    </Context>
                </Host>
```

②在 C：\ Windows \ System32 \ drivers \ etc 路径下找到 hosts 文件,增加以下内容:

```
127.0.0.1       localhost
127.0.0.1       www.webapps1.com
127.0.0.1       www.webapps2.com
```

注意:域名"127.0.0.1   www.webapps1.com"应与主机名(Host name = www.webapps1.com)一致。

③将网页部署到 docBase 指明的路径下,本例中为:docBase = "D：\ Program Files \ Apache Software Foundation \ Tomcat 6.0 \ webapps1 \ ROOT"

(2) 网站 1 上的网页向网站 2 上的网页发送消息,网站 2 上的网页返回消息到网站 1 的网页中,网页 1 显示消息。

(3) 代码的编写。

①网页 1 的代码如下:

```
<! DOCTYPE html >
<html>
<head>
<meta charset = "UTF -8" >
<title>跨域通信实例</title>
<script type = "text/javascript" >
//监听 message 事件
window.addEventListener (" message", function (ev) {
        //忽略指定 URL 地址之外的页面传过来的消息
        if ( ev.origin! = " http://www.webapps2.com: 8080/
```

```
2.html") {
            return;
        }
        //显示消息
        alert ("从" + ev.origin + " 那里传过来的消息: \n"" +
ev.data +"" ");
    }, false);
    function hello () {
        var iframe = window.frames [0];
        //传递消息
        iframe.postMessage (" 您好!"," http://www.webapps2.com:8080/2.html");
    }
</script>
</head>
<body>
<h1>跨域通信实例</h1>
<iframe width = " 400" src = " http://www.webapps2.com: 8080/2.html" onload=" hello ()" >
</iframe>
</body>
</html>
```

②网页2的代码如下：

```
<! DOCTYPE html >
<html >
<head >
<meta charset =" UTF -8" >
<script type = " text/javascript" >
window.addEventListener (" message", function (ev) {
        if (ev.origin! =" http://www.webapps1.com: 8080/index.html") {
            return;
        }
    document.body.innerHTML = " 从" + ev.origin +" 那里传来的消息。<br >"" + ev.data +"" ";
```

```
            //向主页面发送消息
        ev.source.postMessage ("明日科技欢迎您!这里是" + this.location,
ev.origin);
    }, false);
    </script>
    </head>
    <body>webapps2</body>
    </html>
```

(4) 运行结果如图 11.5 所示。

图 11.5 跨域通信实例

11.4 小结

本章讲解了如何使用 WebWorker 搭建具有后台处理能力的 Web 应用程序和使用 postMessage 方法来实现跨文档的消息传输。本章首先介绍了 Web Worker 的工作机制,然后介绍了如何使用 API 创建 Worker,以及如何实现多个子线程之间的交互。使用跨文档信息传输功能可以使用户在不同的网页文档、不同的端口、不同的域之间进行消息的传递。这些技术在开发 Web 应用程序时都是非常有用的。

习 题

一、选择题

1. 在后台线程的脚本文件中使用( )对象或( )对象,会引起错误的发生。

A. worker、onmessage　　　　B. alert、onclick

C. window、document　　　　D. 以上都可以

2. 通过对 worker 对象的（　　）事件句柄的获取可以在后台线程之中接收消息。

A. postMessage　　B. oumessage　　C. stringing　　D. 以上都可以

3. 可以导入多个脚本文件的函数是（　　）。

A. importScripts　　B. stringing　　C. postMessage　　D. 以上都不是

4. 可以在线程中处理的函数是（　　）。

A. eval　　　　　　　　　　B. XML Http Request

C. set Timeout　　　　　　　D. setInterval

二、判断题

在后台线程中是不能访问页面或窗口对象的。　　　　　　　　（　　）

三、填空题

可以通过_____和_____消息来与后台线程互相传递数据。

第 12 章
获取地理位置信息

通过地理信息能够识别每个人的具体地理位置，并且在允许的情况下，可把位置消息分享给别人。识别地理位置的方法很多——通过 IP 地址、利用基站获取手机网络的接入位置、利用 GPS 卫星定位获得经纬度等。

12.1 Geolocation API 概述

HTML5 为 window.navigator 对象新增了一个 geolocation 属性，可以使用 Geolocation API 来对该属性进行访问。window.navigator 对象的 geolocation 属性有以下 3 个方法。

12.1.1 getCurrentPosition

getCurrentPosition 方法可获取用户当前的地理位置。该方法的定义如下：

void getCurrentPosition (onSuccess, onError, options);

getCurrentPosition 方法中的第一个参数为获取当前地理位置成功时所执行的回调函数。该参数的使用方法如下：

navigation.geolocation.getCurrentPosition (function (position)) {
　//获取成功时的处理
}

第一个参数为获取当前地理位置信息成功时所执行的回调函数，第二个参数为获取当前地理位置信息失败时所执行的回调函数，第三个参数为一些可选属性的列表。

注意：其中第二、三个参数为可选属性。

在获取地理信息成功的回调函数中，用到了一个参数 position，它代表的是一个 position 对象。

getCurrentPosition 方法中的第二个参数为获取当前地理位置失败时所执行的

回调函数。如果获取地理位置失败，可以通过该回调函数把错误信息提示给用户。当浏览器打开使用 Geolocation API 来获取用户当前信息的页面时，浏览器会询问是否共享位置信息，如图 12.1 所示。

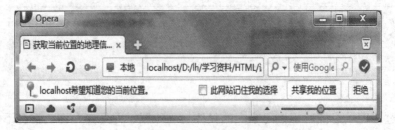

图 12.1　浏览器询问用户是否共享位置信息

如果在该页面拒绝共享的话，也会引起错误的发生。该回调函数使用一个 error 对象作为参数，该对象具有以下两个属性：

（1） code 属性。

code 属性有以下属性值：

①PERMISSION_ DENIED（1）：用户单击信息条上的"不共享"按钮或直接拒绝被获取位置信息。

②POSITION_ AVAILABLE（2）：网络不可用或者无法连接到获取位置信息的卫星。

③TIMEOUT（3）：网络可用，但在计算用户的位置时花费了过长的时间。

④UNKNOWN_ ERROR（3）：发生了其他未知错误。

（2） message 属性。

message 属性是一个字符串，该字符串中包含错误信息，这个错误信息在开发和调试时很有用，但有些浏览器不支持 message 属性。

在 getCurrentPosition 方法中使用第二个参数来捕获错误信息的具体方法如下：

```
navigator.geolocation.getCurrentPosition (
function (position)) {
        var coords = position.coords;
        showMap (coords.latitude, coords.longitude, coords.acc-
uracy);
},
//捕获错误信息
function (error) {
        var errorTypes = {1: '位置服务被拒绝', 2: '获取不到位置信息', 3: '获取信息超时'};
        alert (errorTypes [error.code] +":, 不能确定你的当前
```

地理位置");
        }
            };

getCurrentPosition 方法中的第三个参数可以省略,它是一些可选属性的列表,这些可选属性如下:

(1) enableHighAccuracy (布尔型,默认值为 false):是否要求高精度地理位置信息。

(2) timeout (单位为毫秒,默认值为 infinity/0):对地理位置信息获取规定一个超时限制。

(3) maximumAge:120000 (1 分钟是 60000)。如果 11 点整的时候获取过一次地理位置信息,11:01 的时候,再次调用 navigator.geolocation.getCurrentPosition 重新获取地理位置信息,则返回的依然为 11:00 时的数据(因为设置的缓存有效时间为 2 分钟)。超过这个时间后缓存的地理位置信息被废弃,尝试重新获取地理位置信息。如果该值被指定为 0,则无条件重新获取新的地理位置信息。

这些可选属性的具体设置方法如下:

```
navigator.geolocation.getCurrentPosition (
        function (position)) {
                //获取地理位置信息成功时所作的处理
        },
        function (error) {
                //获取地理位置信息失败时所作的处理
        },
        //以下为可选属性
        {
                //设置缓存有效时间为 2 分钟
                maximumAge: 60* 1000* 2,
                //5 秒钟内获取到地理位置信息、否则返回错误
                timeout: 5000
        }
);
```

12.1.2 持续监视当前地理位置信息

可使用 watchCurrentPosition 方法来持续获取当前地理位置信息,它会定期地自动获取,该方法的定义如下:

```
int watchCurrentPosition (onSuccess, onError, options);
```

该方法的三个参数与 getCurrentPosition 方法相同。该方法返回一个数字，这个数字的使用方法与 JavaScript 脚本中 setInterval 方法返回参数的使用方法类似，它可以被 clearWatch 方法使用，停止对当前地理位置信息的监视。

12.1.3 停止获取当前用户的地理位置信息

下面的方法用于停止对当前用户的地理位置信息的监视，定义如下：

```
void clearWatch (watchId);
```

该方法的参数为调用 watchCurrentPosition 方法监视地理位置信息时的返回参数。

12.2 position 对象

如果获取地理位置信息成功，则可以在获取成功的回调函数中通过访问 position 属性得到下面的地理位置信息。position 对象具有如下属性：

（1）latitude：当前地理位置的纬度。

（2）longitude：当前地理位置的经度。

（3）altitude：当前地理位置的海拔（不能获取时为 null）。

（4）accuracy：获取到的纬度或经度的精度（以米为单位）。

（5）altitudeAccuracy：获取到的海拔的精度（以米为单位）。

（6）heading：设备的前进方向，用面朝正北方向的顺时针旋转角度来表示（不能获取时为 null）。

（7）speed：设备的前进速度（以米/秒为单位，不能获取时为 null）。

（8）timestamp：获取地理位置信息的时间。

下面的实例中使用 getCurrentPosition 方法获取当前位置的地理信息，并在页面中显示 position 对象中当前位置的纬度和经度。代码如下：

```
<!DOCTYPE html>
<html>
<head>
<meta charset="utf-8">
<title>获取地理位置的经度和纬度</title>
</head>
<body>
```

```
    <p id=" geo_ loc" ><p >
    <script >
      function getElem (id) {
          return typeof id = = = 'string'? document.getElementById(id): id;
      }
      function show_ it (lat, lon) {
          var str = '您当前的位置，纬度：' + lat + '，经度：' + lon;
          getElem ('geo_ loc') .innerHTML = str;
      }
      if (navigator.geolocation) {
          navigator.geolocation.getCurrentPosition (function (position) {
              show_ it (position.coords.latitude, position.coords.longitude);
          }, function (err) {
              getElem ('geo_ loc') .innerHTML = err.code + " \n" + err.message;
          });
      } else {
          getElem ('geo_ loc') .innerHTML = " 您当前使用的浏览器不支持Geolocation 服务";
      }
    </script >
  </body >
  </html >
```

其运行结果如图 12.2 所示。

图 12.2　在浏览器中获取地理位置信息

图 12.2（续）

12.3 在 Google 地图上显示"我在这里"

下面通过实例来看一下如何在页面上显示一幅 google 地图，并且把用户的当前地理位置标注在地图上面。如果用户的位置发生改变，将把之前在地图上的标记自动更新到新的位置上。

步骤如下：

（1）要在页面中使用 Google 地图，需要使用到 Google Map API。在页面中导入 Google Map API 的脚本文件，代码如下：

```
<script type="text/javascript" src=http://maps.google.com/maps/api/js?sensor=false/>
```

（2）设定地图的参数，代码如下：

```
var myOptions = {
        zoom: 14, center: latlng, mapTypeId: google.maps.MapTypeId.ROADMAP};
```

在本例中，将用户当前位置的经纬度设定为页面打开时 Google 地图的中心点。

（3）创建地图，并让其在页面中显示，代码如下：

```
//创建地图，并在"map" div 中显示
var map1;
map1 = new google.maps.Map(document.getElementById("map"), myOptions);
```

（4）在地图上创建标记，代码如下：

```
//在地图上创建标记
var marker = new google.maps.Marker({
```

```
            position: latlng,   //将前面指定的坐标点标注出来
    map: map1});         //设置在map1变量代表的地图中标注
```

(5) 设置标注窗口，并指定该窗口中的注释文字，代码如下：

```
//设定标注窗口，并指定该窗口的注释文字
var infoWindow = new google.maps.InfoWindow ({
       content:"我在这里!"
});
```

(6) 打开标注窗口，代码如下：

```
//打开标注窗口
infoWindow.open (map1, marker);
```

其HTML5代码如下：

```
<!DOCTYPE html>
<html>
<body>
<p id = " demo" >点击这个按钮，获得您的位置: </p>
<button onclick = " getLocation ()" >试一下</button>
<div id = " mapholder" ></div>
<script src = " http://maps.google.com/maps/api/js? sensor = false" ></script>
<script>
var x = document.getElementById (" demo");
function getLocation ()
  {
  if (navigator.geolocation)
   {
   navigator.geolocation.getCurrentPosition (showPosition, showError);
   }
  else {x.innerHTML =" Geolocation is not supported by this browser.";}
  }
function showPosition (position)
  {
  lat = position.coords.latitude;
  lon = position.coords.longitude;
  latlon = new google.maps.LatLng (lat, lon)
  mapholder = document.getElementById ('mapholder')
```

```javascript
        mapholder.style.height = '400px';
        mapholder.style.width = '500px';

        var myOptions = {
        center: latlon, zoom: 14,
        mapTypeId: google.maps.MapTypeId.ROADMAP,
        mapTypeControl: false,
        navigationControlOptions: {style: google.maps.NavigationContr-
olStyle.SMALL}
        };
        var map = new google.maps.Map (document.getElementById (" ma-
pholder"), myOptions);
        var marker = new google.maps.Marker ({position: latlon, map:
map, title:" You are here!"});
        var infowindow = new google.maps.InfoWindow ( {
            content:" 我在这里!"
        });
        //打开标注窗口
        infowindow.open (mapholder, marker);
    }
    function showError (error)
    {
    switch (error.code)
      {
     case error.PERMISSION_ DENIED:
       x.innerHTML = " User denied the request for Geolocation."
       break;
     case error.POSITION_ UNAVAILABLE:
       x.innerHTML = " Location information is unavailable."
       break;
     case error.TIMEOUT:
       x.innerHTML = " The request to get user location timed out."
       break;
     case error.UNKNOWN_ ERROR:
       x.innerHTML = " An unknown error occurred."
       break;
      }
```

            }
</script>
</body>
</html>

程序的运行效果如图 12.3、图 12.4 所示。

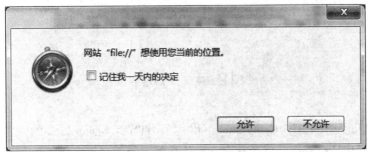

图 12.3　在 Google 地图上显示"我的位置"

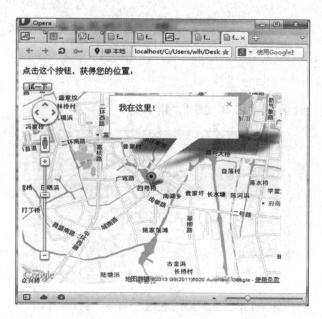

图 12.4　在另一个城市进行的测试

12.4　小结

本章讨论了 HTML5 Geolocation，讲述了 HTML5 Geolocation 的位置信息——纬度、经度和其他特性，以及获取它们的途径。最后通过实例的形式讲解了在页面上使用 Google 地图的基本方法、如何正确地显示 Google 地图并标注用户当前所在的地理位置等。希望读者能够认真地理解和揣摩 HTML5 Geolocation 的特性。

习　题

一、选择题

1. 下面哪一项不是 code 的属性？（　　）
   A．用户拒绝了位置服务　　　　　　　B．获取不到位置信息
   C．获取信息超时错误　　　　　　　　D．浏览器不支持
2. get Current Position 属性中第三个参数，可用列表中 timeout 属性的作用是（　　）。
   A．是否要求高精度的地理位置信息
   B．对地理位置信息的获取操作做一个超时限制（单位为毫秒）
   C．对地理位置信息进行缓存的有效时间（单位为毫秒）
   D．以上都不是

3. 持续获取用户的当前地理位置的方法是（　　）。
   A. watchCurrentPosition　　　　　　B. clearWatch
   C. updatePosition　　　　　　　　　D. 以上都不是
4. 下面属性中哪一个不是 position 对象？（　　）
   A. altitude　　　　　　　　　　　　B. ongitude
   C. setTimeout　　　　　　　　　　　D. heading

二、判断题

message 属性为一个字符串。　　　　　　　　　　　　　　　　（　　）

三、填空题

在 HTML5 中，为 window.navigator 对象新增了一个_____属性。

参考文献

[1] 李刚. 疯狂 HTML5/CSS3/JavaScript 讲义 [M]. 北京：电子工业出版社，2012.

[2] 温谦. HTML + CSS 网页设计与布局从入门到精通 [M]. 北京：人民邮电出版社，2008.

[3] 刘西杰. HTML、CSS、JavaScript 网页制作从入门到精通 [M]. 北京：人民邮电出版社，2012.

[4] [英] 巴德，[英] 科利森，[英] 莫尔. 精通 CSS：高级 Web 标准解决方案（第 2 版）[M]. 陈剑瓯，译. 北京：人民邮电出版社，2010.

[5] 明日科技. HTML5 从入门到精通 [M]. 北京：清华大学出版社，2012.

[6] Peter Lubbers, Brain Albers, Frank Salim. HTML5 程序设计（第 2 版）[M]. 北京：人民邮电出版社，2012.

[7] 孙鑫，付永杰. HTML、CSS 和 JavaScript 开发 [M]. 北京：电子工业出版社，2012.

[8] 温谦，Kristofer Layon. 移动 Web 实现指南——面向移动设备的位置优化、开发和设计 [M]. 张晶珏，译. 北京：人民邮电出版社，2012.

[9] 刘增杰，臧顺娟，何楚斌. HTML5 + CSS3 + Javascript 网页设计 [M]. 北京：清华大学出版社，2012.

[10] 唐骏开. HTML5ydWeb 开发指南 [M]. 北京：电子工业出版社，2012.

[11] Brain P. Hogan. HTML 和 CSS3 实例教程 [M]. 李杰，等，译. 北京：人民邮电出版社，2012.